Ensino Fundamental

8º ano
volume anual

empreendedorismo

Curitiba – 2019

CONQUISTA
SOLUÇÃO EDUCACIONAL

Editora POSITIVO

Dados Internacionais para Catalogação na Publicação (CIP)
(Maria Teresa A. Gonzati / CRB 9-1584 / Curitiba, PR, Brasil)

O48   Oliveira, Juliana Sanson de.
        Conquista : Solução Educacional : empreendedorismo, 8º ano / Juliana Sanson de Oliveira reformulação dos originais de Cláudia R. Escudeiro Cosentino ; ilustrações Eduardo Borges, Rafael Zanchetin. – Curitiba : Positivo, 2019.
        : il.

        ISBN 978-65-5051-210-1 (Livro do aluno)
        ISBN 978-65-5051-209-5 (Livro do professor)

1. Educação 2. Empreeendedorismo. 3. Ensino fundamental – Currículos. I. Cosentino, Cláudia R. Escudeira. II. Borges, Eduardo. III. Zanchetin, Rafael. IV. Título.

CDD 370

©Positivo Soluções Didáticas Ltda., 2019

Diretor-Geral
Emerson Walter dos Santos

Diretor Editorial
Joseph Razouk Junior

Gerente Editorial
Júlio Röcker Neto

Gerente de Produção Editorial
Cláudio Espósito Godoy

Coordenação Editorial
Célia Cunico e Jeferson Freitas

Coordenação de Arte
Elvira Fogaça Cilka

Coordenação de Iconografia
Janine Perucci

Autoria do Livro Didático
Juliana Sanson de Oliveira
Reformulação dos originais de
Cláudia R. Escudeiro Cosentino

Edição
HUM Publicações Ltda.

Revisão
Ana Carolina Golembiuk

Edição de Arte
Fabio Delfino

Projeto Gráfico
Daniel Cabral

Editoração
Vicente Design

Ilustrações
Eduardo Borges e Rafael Zanchetin

Pesquisa Iconográfica
Célia Suzuki

Imagem de abertura
©Shutterstock/nopporn

Engenharia de Produto
Solange Szabelski Druszcz

Produção
Positivo Soluções Didáticas Ltda.
Rua Major Heitor Guimarães, 174 – Seminário
80440-120 – Curitiba – PR
Tel.: (0xx41) 3312-3500
Site: www.editorapositivo.com.br

Impressão e acabamento
Gráfica e Editora Posigraf Ltda.
Rua Senador Accioly Filho, 431/500 – CIC
81310-000 – Curitiba – PR
Tel.: (0xx41) 3212-5451
E-mail: posigraf@positivo.com.br
2020

Todos os direitos reservados à Positivo Soluções Didáticas Ltda.

Uma família empreendedora

Encontro 1 – Enxergando oportunidades

Empreendedores mirins

> EMPREENDEDORES MIRINS SÃO CRIANÇAS QUE TIVERAM UMA IDEIA INOVADORA E CRIARAM SEUS PRÓPRIOS NEGÓCIOS, A PARTIR DE UMA OPORTUNIDADE.

Empreendedores mirins
Crianças que desenvolvem seu futuro

> JASON O'NEILL É UM JOVEM EMPREENDEDOR QUE CRIOU UMA LINHA DE BICHINHOS COLORIDOS ARTESANAIS PARA ENFEITAR LÁPIS. ELE JÁ PUBLICOU UM LIVRO E TEM UM *BLOG* DE DICAS PARA JOVENS EMPREENDEDORES.

JÁ LEANNA ARCHER UTILIZOU UMA RECEITA DA FAMÍLIA PARA MONTAR SEU PRÓPRIO EMPREENDIMENTO DE PRODUTOS NATURAIS PARA TRATAMENTO CAPILAR.

VOCÊ CONSEGUIU ENCONTRAR ALGUMA INFORMAÇÃO NA SUA PESQUISA SOBRE O BRASILEIRO PEDRO FRANCESCHI?

SIM, PROFESSOR GUSTAVO. DESCOBRI QUE DESDE CRIANÇA ELE TEM INTERESSE POR PROGRAMAÇÃO. QUANDO ERA ADOLESCENTE, ELE SE TORNOU PROGRAMADOR E DESENVOLVEU FERRAMENTAS PARA SMARTPHONE.

PARABÉNS, MAÍRA! VOCÊ FEZ UM ÓTIMO TRABALHO.

OBRIGADA! FIZ MUITAS PESQUISAS NA INTERNET SOBRE EMPREENDEDORES MIRINS. ESPERO QUE TENHAM GOSTADO.

Empreendedorismo

Encontro 2 – Como viabilizar uma ideia

Em um fim de tarde...

Valter: OI, GLÓRIA! ACABEI DE SAIR DA EMPRESA E RESOLVI PASSAR AQUI. VAMOS FAZER UM LANCHE ANTES DE IRMOS PARA CASA?

Glória: NOSSA, QUE SURPRESA, VALTER! VOCÊ NÃO TINHA SUA REUNIÃO MENSAL HOJE?

Valter: TINHA, MAS EU PRECISAVA TROCAR UMA IDEIA COM VOCÊ.

Glória: ACONTECEU ALGUMA COISA?

Valter: NÃO... É QUE EU ESTOU CANSADO DE TRABALHAR COMO FUNCIONÁRIO EM UMA EMPRESA. EU GOSTO DO QUE FAÇO, MAS PENSO EM ABRIR MEU PRÓPRIO NEGÓCIO.

Valter: QUERO USAR MEU TEMPO EM UMA EMPRESA QUE SEJA MINHA, SAIR DA CONDIÇÃO DE INTRAEMPREENDEDOR PARA ME TORNAR UM EMPREENDEDOR.

— NÓS TÍNHAMOS FALADO SOBRE ISSO ESSES DIAS, NÉ? DE LÁ PARA CÁ VOCÊ IDENTIFICOU COMO GOSTARIA DE EMPREENDER?

— ESTOU AVALIANDO TRÊS ALTERNATIVAS. A PRIMEIRA É CONTINUAR NO SETOR DE PROPAGANDA E *MARKETING*, PARA APROVEITAR A MINHA EXPERIÊNCIA DE 15 ANOS NA ÁREA.

— A SEGUNDA ALTERNATIVA É INVESTIR NO SETOR DE PERFUMARIA E COSMÉTICOS, POIS É UM MERCADO QUE CRESCE MUITO A CADA ANO.

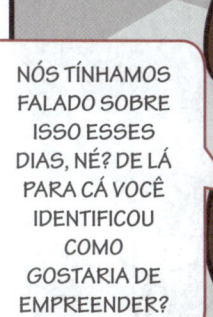

— E A TERCEIRA É IR PARA A ÁREA DE BEM-ESTAR FÍSICO, COM A QUAL ME IDENTIFICO. TALVEZ ABRIR UMA ACADEMIA DE YOGA, MEDITAÇÃO, PILATES...

— UAU! TALVEZ FOSSE LEGAL CONTAR COM UMA AJUDA EXTERNA, UMA CONSULTORIA. SÃO TRÊS ALTERNATIVAS BEM DIFERENTES.

— SIM! TENHO QUE ANALISAR BEM A SITUAÇÃO PARA INVESTIR O DINHEIRO DE MANEIRA CALCULADA E REDUZIR OS RISCOS ENVOLVIDOS NA DECISÃO.

— É PRECISO SABER QUAL DELAS É MAIS VIÁVEL PARA ESCOLHER COM TRANQUILIDADE.

Empreendedorismo

Encontro 3 – O papel do consultor

Em casa...

— PAI, EU APRESENTEI O TRABALHO SOBRE EMPREENDEDORES MIRINS NA ESCOLA E A GALERA ADOROU!

— QUE LEGAL, FILHA!

— DESCOBRI COISAS MUITO INTERESSANTES. EXISTEM MUITAS *OPORTUNIDADES* POR AÍ, MAS NEM SEMPRE ESTAMOS ATENTOS.

— PAI, POR FALAR NISSO, VOCÊ JÁ DECIDIU O QUE VAI FAZER EM RELAÇÃO AO NEGÓCIO PRÓPRIO?

— ELE AINDA ESTÁ BUSCANDO INFORMAÇÕES PARA TOMAR UMA DECISÃO.

— ONTEM FALEI COM A CRISTINA, CONSULTORA ESPECIALISTA EM *GESTÃO DE PEQUENOS NEGÓCIOS*. FOI ELA QUEM AJUDOU SUA MÃE A DESENVOLVER O PLANO DE AÇÃO DA FITBRASIL.

8º ano

TEMOS UMA REUNIÃO NA PRÓXIMA QUARTA PARA FALAR SOBRE OS MEUS PROJETOS. QUER PARTICIPAR, EDUARDO?
É UMA ÓTIMA IDEIA!
VOCÊ É UM ADMINISTRADOR DE EMPRESAS FORMADO E JÁ ATUA EM UMA PEQUENA EMPRESA. SUA VISÃO PODE CONTRIBUIR BASTANTE!
MARAVILHA! A QUE HORAS SERÁ A REUNIÃO?
SERÁ ÀS 18H, AQUI NO ESCRITÓRIO DE CASA.
ESTAMOS NESSA JUNTOS, PAI.
E EU, VOU AJUDAR EM QUÊ?
VOCÊ VAI ME AJUDAR NA PESQUISA DE SATISFAÇÃO DE CLIENTES QUE EU E A MÃE PLANEJAMOS PARA A FITBRASIL.
GOSTEI DA IDEIA! O QUE PRECISO FAZER?
VAMOS AGENDAR UMA REUNIÃO NA FITBRASIL PARA CONVERSARMOS SOBRE ISSO?
LEGAL, MÃE!
LEGAL! AGORA VAMOS SENÃO VOU ME ATRASAR PARA O TRABALHO.

Encontro 4 – Tomada de decisão diante de desafios

No escritório...

ANTES DE MAIS NADA, TEMOS QUE REALIZAR UMA PESQUISA E ESTUDAR A VIABILIDADE DE CADA ALTERNATIVA DE NEGÓCIO QUE VOCÊ PENSOU, VALTER.

OLHA, QUE LEGAL! NÃO SABIA QUE VOCÊ IA PARTICIPAR DA REUNIÃO.

OI, PESSOAL! DESCULPEM O ATRASO. FIQUEI ATÉ MAIS TARDE NO ESCRITÓRIO FAZENDO O DEMONSTRATIVO DE RESULTADO DO MÊS.

CRISTINA, ESSE É O MAURÍCIO. ELE TAMBÉM ESTÁ INTERESSADO EM TER O PRÓPRIO NEGÓCIO E, QUEM SABE, PODEMOS NOS TORNAR SÓCIOS.

MAURÍCIO, A CRISTINA É CONSULTORA DE GESTÃO E ESPECIALISTA EM PEQUENOS NEGÓCIOS E PLANEJAMENTO ESTRATÉGICO.

SEJA BEM-VINDO, MAURÍCIO. É BOM SABER QUE VOCÊ TAMBÉM TEM INTERESSE NESTE ASSUNTO.

ESTAVA DIZENDO A ELES QUE PRECISAMOS FAZER UMA PESQUISA DE MERCADO E UM LEVANTAMENTO DE CONCORRENTES. ESSES SÃO OS PROCESSOS BÁSICOS PARA COMEÇAR UMA NOVA EMPRESA.

ALÉM DISSO, PRECISAMOS SABER QUANTO DINHEIRO SERÁ NECESSÁRIO PARA INICIAR O NEGÓCIO E ENTENDER QUAL O RISCO ENVOLVIDO E SE EXISTE POSSIBILIDADE DE RETORNO A MÉDIO E LONGO PRAZO DO CAPITAL INVESTIDO.
NOSSA, JÁ TINHA QUASE ESQUECIDO QUE É COISA PRA CARAMBA!
ABRIR UM NEGÓCIO É COISA SÉRIA. A BOA NOTÍCIA É QUE, COM BASE NO LEVANTAMENTO FEITO, PODEMOS CALCULAR E REDUZIR OS RISCOS ENVOLVIDOS.
ESSA É UMA CARACTERÍSTICA DE QUALQUER NEGÓCIO. SEMPRE EXISTEM RISCOS FINANCEIROS E, POR ISSO, É PRECISO FAZER O ESTUDO DE VIABILIDADE ANTES DE TOMAR UMA DECISÃO.
ISSO! ABRIR UMA EMPRESA NÃO É UM EXERCÍCIO DE FUTUROLOGIA, MAS PODEMOS ANTEVER ALGUNS RESULTADOS E DIMINUIR AS CHANCES DE ALGO DAR ERRADO.
BEM, ENTÃO COMO DISTRIBUÍMOS NOSSAS ATIVIDADES?

EU JÁ ENTREGUEI PARA VOCÊS O ROTEIRO DAS INFORMAÇÕES QUE PRECISAMOS BUSCAR. MINHA SUGESTÃO É QUE CADA UM FIQUE RESPONSÁVEL POR UMA ALTERNATIVA.
ROTEIRO
VALTER PODE CUIDAR DA OPÇÃO DE PROPAGANDA E *MARKETING*. MAURÍCIO, DE PERFUMARIA E COSMÉTICOS. EDUARDO, DE BEM-ESTAR FÍSICO E MENTAL, QUE INCLUI ACADEMIA DE GINÁSTICA E SPA PARA RELAXAMENTO.
ROTEIRO
CERTO! E QUANDO VAMOS NOS REUNIR NOVAMENTE?
ENTÃO NOS VEMOS EM DEZ DIAS. BOM TRABALHO, PESSOAL!
VOU PRECISAR DE PELO MENOS 10 DIAS PARA FAZER A MINHA PARTE.

Encontro 5 – Qualidade e eficiência

Enquanto isso, na FitBrasil...

— MÃE, QUE TAL APROVEITARMOS O TRABALHO QUE FIZ NA FACULDADE SOBRE GESTÃO E APLICÁ-LO AQUI NA FITBRASIL?

— FALE MAIS SOBRE ESSE TRABALHO. COMO VOCÊ ACHA QUE ELE PODE NOS AJUDAR?

— EU VISITEI EMPRESAS COM PROGRAMAS DE QUALIDADE TOTAL E REGISTREI AS PRÁTICAS ADOTADAS PARA MELHORAR A QUALIDADE DO PRODUTO E O ATENDIMENTO AO CLIENTE.

— SÃO PRÁTICAS QUE BUSCAM ENTENDER O QUE OS CLIENTES QUEREM, PARA ATENDER ÀS NECESSIDADES E EXPECTATIVAS DELES.

— VERDADE, FILHA?

— NOSSA! EU ESTAVA PENSANDO EM FAZER EXATAMENTE ISSO COM A PESQUISA DE SATISFAÇÃO DE CLIENTES QUE REALIZAMOS.

— ISSO SIGNIFICA IMPLANTAR UMA FILOSOFIA DE MELHORIA CONTÍNUA. EXISTEM PROGRAMAS DE GESTÃO DE QUALIDADE QUE PODEMOS APLICAR AQUI.

— SIM! O OBJETIVO É MELHORAR A QUALIDADE E A EFICIÊNCIA, DIMINUINDO OS CUSTOS. SIGNIFICA FAZER MELHOR, MAIS RÁPIDO E MAIS BARATO. É UMA FORMA DE A EMPRESA SE MANTER COMPETITIVA E GERAR MAIS LUCRO.

— ADOREI A IDEIA! QUANDO PODEMOS COMEÇAR?

— VAMOS FAZER UM PLANO DE AÇÃO. PRIMEIRO PLANEJAMOS, DEPOIS EXECUTAMOS. A MAÍRA PODE AJUDAR APLICANDO AS PESQUISAS, ASSIM ELA JÁ COMEÇA A CONHECER A FILOSOFIA DA MELHORIA CONTÍNUA.

— VOCÊ TEM RAZÃO. A QUALIDADE DEVE SER O FOCO DE TODOS QUE TRABALHAM AQUI.

— O QUE ACHA DE PARTICIPARMOS DA PRÓXIMA REUNIÃO COM A CONSULTORA CRISTINA E PEDIRMOS A ELA UMA AJUDA NISSO TAMBÉM?

— ACHO ÓTIMO! E ASSIM JÁ DESCOBRIMOS O QUE O PAI DECIDIU SOBRE A MONTAGEM DO PRÓPRIO NEGÓCIO.

Encontro 6 – Segmento de mercado

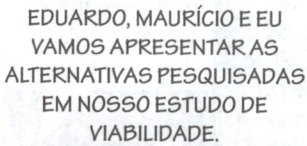

EDUARDO, MAURÍCIO E EU VAMOS APRESENTAR AS ALTERNATIVAS PESQUISADAS EM NOSSO ESTUDO DE VIABILIDADE.

AS TRÊS IDEIAS DE NEGÓCIO QUE CONSIDERAMOS FORAM: UMA AGÊNCIA DE PROPAGANDA E *MARKETING* PARA PEQUENOS NEGÓCIOS, UMA LOJA DE COSMÉTICOS E PERFUMARIA E UMA ACADEMIA DE GINÁSTICA E SPA PARA RELAXAMENTO.

VAMOS APRESENTAR A SÍNTESE E A CONCLUSÃO DA PESQUISA. SOBRE A AGÊNCIA DE PROPAGANDA E *MARKETING*, TEMOS ESTAS INFORMAÇÕES:

AGÊNCIA DE PROPAGANDA E MARKETING

» O INVESTIMENTO INICIAL É DE R$ 15.000,00, COM RETORNO SOBRE O INVESTIMENTO EM 12 MESES.

» O SEGMENTO DE MERCADO ESTÁ VALORIZADO E EM FRANCO CRESCIMENTO, COM PEQUENAS EMPRESAS QUE QUEREM CRESCER.

» NA REGIÃO, HÁ UM MERCADO POTENCIAL FORMADO POR EMPRESAS DE PEQUENO E MÉDIO PORTE, OU SEJA, UM SEGMENTO DE MERCADO A SER EXPLORADO.

» É POSSÍVEL APROVEITAR O CONHECIMENTO E A EXPERIÊNCIA PROFISSIONAL DA EQUIPE.

» EXISTE MUITA IDENTIFICAÇÃO COM O NEGÓCIO.

» JÁ EXISTE UMA REDE DE CONTATOS PRÉVIA QUE PODE FACILITAR A ENTRADA NO MERCADO.

» O MERCADO APRESENTA POUCA CONCORRÊNCIA NA CIDADE E NA REGIÃO.

SOBRE A LOJA DE COSMÉTICOS E PERFUMARIA, TEMOS AS SEGUINTES INFORMAÇÕES:

LOJA DE COSMÉTICOS E PERFUMARIA

» O INVESTIMENTO INICIAL É DE R$ 20.000,00, COM RETORNO SOBRE O INVESTIMENTO EM 24 MESES.

» NÃO HÁ FORNECEDORES NA CIDADE OU NA REGIÃO. SERÁ PRECISO BUSCÁ-LOS EM GRANDES CAPITAIS, O QUE ENCARECE O PREÇO DE VENDA DOS PRODUTOS.

» ATUALMENTE, HÁ NA CIDADE 15 LOJAS QUE JÁ TRABALHAM NO SEGMENTO DE PERFUMES E COSMÉTICOS.

» NÃO HÁ MUITA IDENTIFICAÇÃO COM O NEGÓCIO.

» É UM MERCADO QUE ESTÁ EM FRANCA EXPANSÃO.

Empreendedorismo

SOBRE A ACADEMIA DE GINÁSTICA E SPA DE RELAXAMENTO, AS INFORMAÇÕES SÃO:

ACADEMIA DE GINÁSTICA E SPA DE RELAXAMENTO

» O INVESTIMENTO INICIAL É DE R$ 80.000,00, COM RETORNO SOBRE O INVESTIMENTO EM 3 ANOS E MEIO.

» NÃO HÁ CONCORRENTES NA CIDADE OU NA REGIÃO.

» O PÚBLICO PESQUISADO DEMONSTROU QUE NÃO ESTÁ DISPOSTO A PAGAR POR ALGUNS SERVIÇOS ADICIONAIS. NÃO EXISTE NA CIDADE E NA REGIÃO O COSTUME DE IR ATÉ A ACADEMIA PARA MALHAR AO FINAL DO DIA, POR EXEMPLO.

» É PRECISO MUITO DINHEIRO PARA MANTER UMA ACADEMIA FUNCIONANDO (CUSTO OPERACIONAL ALTO).

» NA TEMPORADA DE INVERNO, O FLUXO DE PESSOAS QUE VÃO À ACADEMIA E AO SPA DIMINUI, O QUE REDUZ CONSIDERAVELMENTE O FATURAMENTO.

» EXISTE BOA IDENTIFICAÇÃO COM O TIPO DE NEGÓCIO.

NOSSA! VOCÊS CONSEGUIRAM LEVANTAR INFORMAÇÕES BEM IMPORTANTES.

É VERDADE, A PESQUISA QUE VOCÊS FIZERAM FICOU BEM COMPLETA!

APÓS A PESQUISA E O ESTUDO DE VIABILIDADE ECONÔMICA, CONCLUÍMOS QUE O NEGÓCIO COM MENOR RISCO E MAIOR POSSIBILIDADE DE SUCESSO SERIA DENTRO DA ÁREA DE PROPAGANDA E *MARKETING*.

TEMOS UM GRANDE MERCADO POTENCIAL, DINHEIRO PARA COMEÇAR, A CONCORRÊNCIA É BAIXA E PODEMOS APROVEITAR NOSSA REDE DE CONTATOS E NOSSA EXPERIÊNCIA NA ÁREA. O VALTER E EU SEREMOS SÓCIOS NESSA EMPRESA.

QUERO INFORMAR AOS SÓCIOS DESSA EMPRESA QUE PODEM CONTAR COMIGO. QUERO FAZER PARTE DA EQUIPE E JÁ TENHO ATÉ UMA SUGESTÃO DE NOME. QUE TAL JETCLICK?

— GOSTEI DESSA SUGESTÃO. O QUE VOCÊ ACHA, MAURÍCIO?

— TAMBÉM GOSTEI! É MODERNO E FÁCIL DE MEMORIZAR. POR MIM ESTÁ FECHADO!

— MARAVILHA! PARABÉNS PELA DECISÃO DE VOCÊS! AGORA EU GOSTARIA DE CONVERSAR UM POUCO COM VOCÊ, CRISTINA, SOBRE UM PROGRAMA DE GESTÃO DA QUALIDADE QUE QUEREMOS IMPLANTAR NA FITBRASIL.

— VOU ADORAR AJUDAR, GLÓRIA! EU TENHO UMA REUNIÃO COM OUTRO CLIENTE AGORA, MAS AMANHÃ PASSO NA FITBRASIL E CONVERSAMOS COM CALMA.

Encontro 7 – Organização é qualidade

No dia seguinte, na FitBrasil...

— ENTÃO VOCÊS QUEREM IMPLANTAR A FILOSOFIA DA MELHORIA CONTÍNUA?

— ISSO MESMO, CRISTINA. COMO VOCÊ DISSE UMA VEZ, QUALIDADE TOTAL NÃO TEM FIM. TEMOS QUE FAZER SEMPRE O MELHOR.

— COM A PESQUISA DE OPINIÃO, ESTAMOS REUNINDO AS SUGESTÕES DE MELHORIAS. OS CLIENTES ESTÃO RESPONDENDO À PESQUISA PARA ENTENDERMOS O QUE ACHAM DO NOSSO ATENDIMENTO E DOS PRODUTOS QUE VENDEMOS. A MAÍRA ESTÁ TABULANDO AS RESPOSTAS.

— E JÁ ESTAMOS IMPLANTANDO ALGUMAS SUGESTÕES. POR EXEMPLO, UM CLIENTE DISSE QUE NÃO TINHA TEMPO DE VIR ATÉ A LOJA, ENTÃO CRIAMOS O SISTEMA DE VENDAS COM ATENDIMENTO RESIDENCIAL.

— FUNCIONA ASSIM: MANDAMOS UMA MALA DE ROUPAS CONFORME O PERFIL DO CLIENTE. ELE EXPERIMENTA E FAZ AS ESCOLHAS EM CASA.

— NOSSA, QUE FANTÁSTICO, GLÓRIA! VOCÊS TIVERAM ALGUMA MELHORIA NO RESULTADO FINANCEIRO?

SIM, AUMENTAMOS O FATURAMENTO MENSAL EM 15%. AGORA ESTAMOS COMEÇANDO A PENSAR EM UMA INOVAÇÃO: FAZER VENDAS PELA INTERNET. O QUE VOCÊ ACHA?

É UM ÓTIMO CAMINHO, MAS É PRECISO TREINAR OS FUNCIONÁRIOS PARA QUE ESTEJAM BEM PREPARADOS.

É VERDADE, POR ISSO VAMOS IMPLANTAR O PROGRAMA DE GESTÃO DA QUALIDADE. VAMOS COMEÇAR PELO PROGRAMA 5S E DEPOIS, QUEM SABE, PARTICIPAR DO MPE BRASIL – PRÊMIO DE COMPETITIVIDADE PARA MICRO E PEQUENAS EMPRESAS!

MAS UM PASSO DE CADA VEZ. PRIMEIRO O PROGRAMA 5S. DEPOIS QUE CRIARMOS A CULTURA DA QUALIDADE FITBRASIL, PODEMOS PENSAR EM OUTROS PROGRAMAS DE GESTÃO DA QUALIDADE.

EXCELENTE, ALICE! A BUSCA PELA QUALIDADE DEVE SER CONSTANTE, E VOCÊS JÁ DERAM O PRIMEIRO PASSO.

Empreendedorismo

Encontro 8 – Busca de oportunidade e iniciativa

À noite...

Mulher: QUE TAL UM LANCHE PARA REPOR AS ENERGIAS? VOCÊS ESTÃO CONVERSANDO HÁ MUITO TEMPO E JÁ DEVEM ESTAR CANSADOS E FAMINTOS.

Homem loiro: ISSO! TAMBÉM PRECISAMOS VISITAR PESSOALMENTE AS PESSOAS QUE CONHECEMOS E QUE SÃO POSSÍVEIS CLIENTES.

Maurício: ENTÃO ESTAMOS DE ACORDO? COMEÇAMOS EM UMA SALA MENOR, COM UM ALUGUEL MAIS BAIXO, ATÉ CONSEGUIRMOS AUMENTAR O NÚMERO DE CLIENTES.

Homem moreno: SIM, MAS NÃO PODEMOS CONTAR SOMENTE COM AS NOSSAS VISITAS. TEMOS QUE DIVULGAR OS SERVIÇOS POR MEIO DE VÁRIOS CANAIS, COMO INTERNET, PANFLETOS E E-MAIL.

Homem loiro: VOCÊ TEM RAZÃO, MAURÍCIO. NÃO PODEMOS CONTAR APENAS COM AS PESSOAS QUE CONHECEMOS. OUTRA COISA, TENHO UM COMPUTADOR, UMA MESA E ALGUMAS CADEIRAS QUE NÃO ESTOU UTILIZANDO, PODEMOS USAR NA EMPRESA.

21

Encontro 9 – Utilizando recursos disponíveis

Na agência Jetclick...

— ESTAMOS ATENDENDO NOSSOS PRIMEIROS CLIENTES!

— É O NOSSO SEGUNDO TRABALHO PARA ESSE CLIENTE.

— USAR NOSSA REDE DE CONTATOS E ESTRATÉGIAS DE PROPAGANDA E *MARKETING* FOI DECISIVO PARA OS BONS RESULTADOS QUE ESTAMOS CONSEGUINDO.

— MAS AINDA TEMOS UMA PENDÊNCIA: ESTÁ DIFÍCIL CONTRATAR ILUSTRADORES. O SALÁRIO DE UM BOM PROFISSIONAL É ALTO. NESTE MOMENTO, NÃO PODEMOS PAGAR E ISSO LIMITA A NOSSA PRODUÇÃO.

— E COMO VOCÊS PRETENDEM RESOLVER ESSA SITUAÇÃO?

— JÁ QUEBRAMOS A CABEÇA E AINDA NÃO ENCONTRAMOS UMA SOLUÇÃO.

— UMA SUGESTÃO SERIA VOCÊS CONTRATAREM UM ILUSTRADOR TERCEIRIZADO OU QUE TRABALHE EM *HOME OFFICE*, PRODUZINDO AS ILUSTRAÇÕES EM CASA.

— ASSIM PODERÃO REDUZIR O CUSTO, ATENDER OS PEDIDOS DOS CLIENTES E VIABILIZAR O NEGÓCIO. O QUE ACHAM?

— FANTÁSTICA ESSA IDEIA! VOCÊ NOS AJUDA NISSO, CRISTINA?

— CLARO, VAMOS PENSAR NAS POSSIBILIDADES.

— VOU LIGAR AGORA MESMO PARA O VALTER E CONTAR A NOVIDADE.

— ISSO! PRECISAMOS SER EFICIENTES E MANTER NOSSO PADRÃO DE QUALIDADE.

ilustrador: profissional que cria ilustrações.

ilustrações: imagens feitas com desenhos. Elucidam as informações que se pretende divulgar por meio de propaganda ou publicidade. São comuns em jornais, revistas e livros.

Empreendedorismo

Encontro 10 – Padrões e procedimentos

À noite...

EDUARDO, ACHEI ÓTIMA A IDEIA DE CONTRATAR O ILUSTRADOR PARA TRABALHAR COMO *HOME OFFICE*. É A MELHOR DECISÃO PARA O MOMENTO DA EMPRESA.

SIM, PAI. FIZEMOS A COISA CERTA NA HORA CERTA.

ISSO SE CHAMA EFICÁCIA, NÃO É? FAZER A COISA CERTA NO MOMENTO CERTO.

É ISSO MESMO, MAÍRA!

E VOCÊ ESTÁ NOS AJUDANDO A FAZER CADA VEZ MELHOR, MAÍRA!

E POR FALAR EM FAZER MELHOR, UMA CLIENTE DEU UMA IDEIA QUE ACHEI BEM LEGAL.

QUE IDEIA, FILHA?

— ELA SUGERIU QUE A GENTE AGRUPASSE AS ROUPAS POR COR. ASSIM FICARIA MAIS FÁCIL PARA OS CLIENTES ESCOLHEREM.

— É UMA BOA IDEIA...

— CONCORDO. ALÉM DE FACILITAR PARA O CLIENTE, FACILITA PARA O VENDEDOR, POIS ELE GANHA TEMPO INDO DIRETO AO LUGAR CERTO PARA PEGAR AS ROUPAS.

— NOSSA, QUANTA COISA IMPORTANTE OS CLIENTES TÊM A NOS DIZER. TEMOS DE OUVI-LOS SEMPRE.

— VOCÊS JÁ ESTÃO FAZENDO ISSO NA JETCLICK?

— ESTAMOS, MAS INFORMALMENTE. PRECISAMOS CRIAR UM MODELO DE PESQUISA DE OPINIÃO. DEPOIS VAMOS CONVERSAR SOBRE ISSO, EDUARDO?

— ACHO BEM IMPORTANTE, PAI. NÃO PODEMOS PERDER A CHANCE DE MELHORAR AINDA MAIS OS RESULTADOS.

— NÃO SABIA QUE ERA TÃO IMPORTANTE OUVIR O QUE O CLIENTE TEM A DIZER.

— É MUITO IMPORTANTE! ASSIM CONSEGUIMOS IDENTIFICAR O QUE ESTÁ DANDO CERTO E O QUE PRECISA SER MELHORADO.

Empreendedorismo

Encontro 11 – Relacionamento com o cliente

Um ano depois...

OS RESULTADOS SÃO ANIMADORES, CONSIDERANDO QUE ESTAMOS ATUANDO HÁ UM ANO NO MERCADO.

SIM! AOS POUCOS ESTAMOS MELHORANDO, E OS RESULTADOS FINANCEIROS ESTÃO SUPERANDO AS NOSSAS PREVISÕES.

A PESQUISA QUE FIZEMOS COM OS CLIENTES APONTOU QUE O ÍNDICE DE SATISFAÇÃO COM NOSSOS SERVIÇOS E PRODUTOS É DE 90%.

OS CLIENTES ESTÃO GOSTANDO E ISSO AUMENTA A NOSSA RESPONSABILIDADE. A META DE CRESCIMENTO DA EMPRESA PARA O PRÓXIMO ANO É DE 20%. ISSO SIGNIFICA MUITO TRABALHO E MUITA DEDICAÇÃO PARA CHEGARMOS LÁ!

É ISSO AÍ, VALTER. ESTAMOS CRESCENDO E ACHO QUE ISSO MERECE UMA COMEMORAÇÃO!

VAMOS COMEMORAR, SIM! ANTES, GOSTARIA DE DIZER QUE, COM A JETCLICK APRESENTANDO RESULTADOS, PENSO EM SAIR DEFINITIVAMENTE DA EMPRESA EM QUE TRABALHO E ME DEDICAR INTEGRALMENTE AO NOVO NEGÓCIO!

ISSO SERIA FANTÁSTICO, PAI!

SERIA MESMO, VALTER!

VAMOS COMEMORAR MAIS ESSA BOA NOVIDADE!

Empreendedorismo 27

Encontro 12 – Buscando qualidade

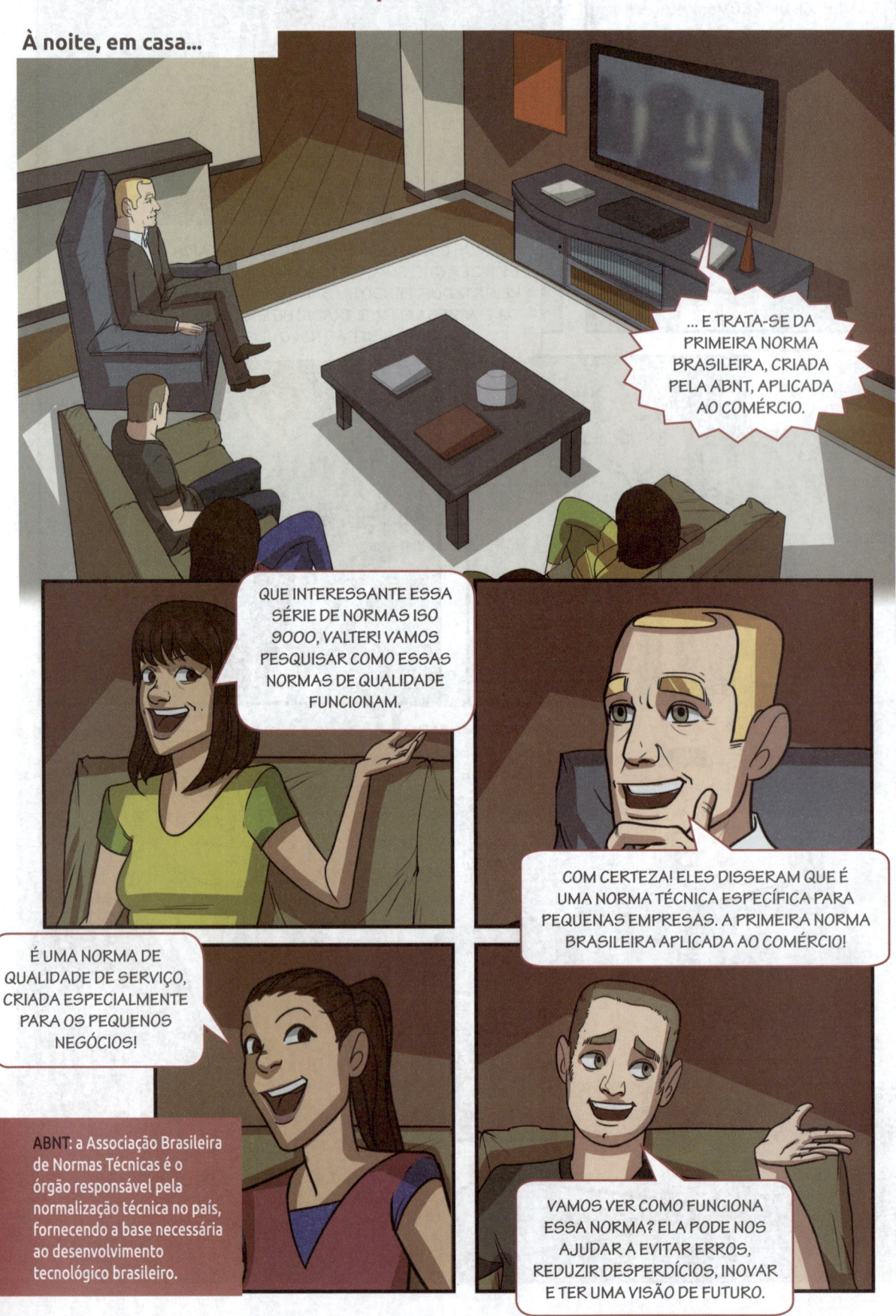

À noite, em casa...

... E TRATA-SE DA PRIMEIRA NORMA BRASILEIRA, CRIADA PELA ABNT, APLICADA AO COMÉRCIO.

QUE INTERESSANTE ESSA SÉRIE DE NORMAS ISO 9000, VALTER! VAMOS PESQUISAR COMO ESSAS NORMAS DE QUALIDADE FUNCIONAM.

COM CERTEZA! ELES DISSERAM QUE É UMA NORMA TÉCNICA ESPECÍFICA PARA PEQUENAS EMPRESAS. A PRIMEIRA NORMA BRASILEIRA APLICADA AO COMÉRCIO!

É UMA NORMA DE QUALIDADE DE SERVIÇO, CRIADA ESPECIALMENTE PARA OS PEQUENOS NEGÓCIOS!

VAMOS VER COMO FUNCIONA ESSA NORMA? ELA PODE NOS AJUDAR A EVITAR ERROS, REDUZIR DESPERDÍCIOS, INOVAR E TER UMA VISÃO DE FUTURO.

ABNT: a Associação Brasileira de Normas Técnicas é o órgão responsável pela normalização técnica no país, fornecendo a base necessária ao desenvolvimento tecnológico brasileiro.

— SE ELES APLICAREM NA JETCLICK, NÓS PODEMOS APLICAR NA FITBRASIL, NÃO É, MÃE?

— CLARO! PODEMOS APLICAR NAS DUAS EMPRESAS, AFINAL, TRABALHAMOS NO SETOR DE COMÉRCIO, VENDENDO SERVIÇOS E PRODUTOS.

— AMANHÃ MESMO FALAREMOS COM A CONSULTORA CRISTINA SOBRE ISSO!

Empreendedorismo

Encontro 13 – Plano de negócio: parte 1

Dois anos depois...

— PASSEI POR AQUI PARA COMPARTILHAR UMA IDEIA DE NEGÓCIO QUE TENHO EM MENTE.

— CHEGOU EM BOA HORA, ESTÁVAMOS MESMO FALANDO DE NEGÓCIOS!

— BEM, FIZEMOS UM ESTUDO DE VIABILIDADE FINANCEIRA E ESTOU PENSANDO EM ABRIR UMA FILIAL.

— UAU! ABRIR UMA FILIAL É UM GRANDE PASSO. VOCÊ TEM DINHEIRO PARA ESSE INVESTIMENTO?

filial: estabelecimento comercial subordinado ou dependente das orientações de uma empresa principal, ou seja, do estabelecimento matriz.

— PARTE DO DINHEIRO EU JÁ TENHO, MAS PARA O RESTANTE, PENSO EM PEGAR UM FINANCIAMENTO NO BANCO.

— E QUEM TOCARIA A NOVA LOJA?

— A ALICE, É CLARO! AFINAL, ELA VEM SE PREPARANDO AO LONGO DE TODOS ESSES ANOS. EU FICAREI NA MATRIZ.

— CLARO! INCLUSIVE, GOSTARIA DE CONTRATAR OS SERVIÇOS DA JETCLICK PARA FAZER A DIVULGAÇÃO DA FILIAL DA FITBRASIL.

— LEGAL! E A ALICE PODE IMPLANTAR OS PROCEDIMENTOS E AS NORMAS DE BOM ATENDIMENTO NA LOJA NOVA.

— OBA, CLIENTE NOVO NA ÁREA! INCLUSIVE, MAURÍCIO E EU ESTAMOS PENSANDO EM AMPLIAR NOSSO LEQUE DE SERVIÇOS.

— ACHO UMA ÓTIMA IDEIA!

— TEMOS DE TER ATITUDE E EMPREENDER!

— VERDADE! OS CLIENTES QUEREM SERVIÇOS PARA AS REDES SOCIAIS E INTERNET. O INVESTIMENTO É BAIXO E O RETORNO É GARANTIDO.

— ASSIM, TAMBÉM GANHAMOS UM NOVO MERCADO E AUMENTAMOS NOSSO FATURAMENTO.

matriz: estabelecimento principal de uma empresa ou de um negócio. É o lugar onde se concentram as atividades e o comando de uma rede de lojas ou de suas unidades, ou seja, de suas filiais.

Empreendedorismo 31

Encontro 14 – Plano de negócio – parte 2

Glória, Alice e Maíra conversam em uma lanchonete...

— ESTOU MUITO FELIZ EM ADMINISTRAR A FILIAL DA FITBRASIL. ONTEM JÁ VERIFIQUEI SE ESTÁ TUDO CERTO COM NOSSOS FORNECEDORES.

— MUITO BEM, FILHA, POIS VAMOS ATENDER A UM NOVO PERFIL DE CLIENTES E DAQUI A 15 DIAS INAUGURAMOS A LOJA NOVA.

— OLHA SÓ QUEM CHEGOU!

— OI, FAMÍLIA!

— VIM FAZER UM LANCHE COM VOCÊS.

— QUE BOA SURPRESA, FILHO! CONTA SOBRE O PROJETO DE MÍDIA DIGITAL QUE A JETCLICK ESTÁ OFERECENDO. É VERDADE QUE VOCÊ SERÁ O RESPONSÁVEL POR ESSE NOVO SERVIÇO?

SIM, MÃE! É UM GRANDE DESAFIO, MAS ESTAMOS INDO BEM. OS CLIENTES NOS PROCURAM CADA VEZ MAIS E LOGO TEREMOS QUE CONTRATAR MAIS UM FUNCIONÁRIO.
NOSSA, QUE LEGAL!
VOCÊ TOCANDO ESSE PROJETO NA JETCLICK E EU À FRENTE DA NOVA LOJA DA FITBRASIL, QUE FANTÁSTICO!
E EU TAMBÉM ESTOU ASSUMINDO NOVAS RESPONSABILIDADES NA FITBRASIL, NÃO É, MÃE?
SIM! ESTÁ APRENDENDO COISAS NOVAS E AJUDANDO NA ADMINISTRAÇÃO DA EMPRESA. ESTOU MUITO ORGULHOSA DE TODOS VOCÊS!

Encontro 15 – Apresentação do plano de negócio

Na inauguração da filial da FitBrasil...

QUE ORGULHO DE VOCÊ, ALICE! COM O SEU TRABALHO, ESFORÇO E DEDICAÇÃO, TUDO SAIU CONFORME O PLANEJADO.

GRAÇAS AO PLANO DE NEGÓCIO. ALÉM DE SER UM ROTEIRO QUE NOS DIRECIONA PARA CHEGARMOS AONDE QUEREMOS, ELE NOS AJUDA A DIMINUIR OS RISCOS ENVOLVIDOS.

ISSO MESMO, ALICE! É IMPORTANTE LEMBRAR SEMPRE DISTO: PLANEJAR E TOMAR DECISÕES BASEADAS EM DADOS E INFORMAÇÕES.

ATÉ EU JÁ APRENDI QUE É PRECISO CALCULAR OS RISCOS E OUVIR OS CLIENTES.

MUITO BEM, MAÍRA! ISSO É FUNDAMENTAL PARA GARANTIR A COMPETITIVIDADE DO NEGÓCIO.

Encontro 16 – Inovar para crescer

Enquanto isso, na JetClick...

EDUARDO, PODEMOS CONVERSAR?

CLARO, PAI! ESTAVA AQUI ANALISANDO OS RESULTADOS COM BASE NOS TRABALHOS DE MÍDIA DIGITAL.

É SOBRE ISSO MESMO QUE VIM FALAR COM VOCÊ. COMO ESTAMOS INDO?

ESTAMOS AUMENTANDO NOSSO FATURAMENTO MÊS A MÊS, E COM MUITOS CLIENTES NOVOS! ISSO É ÓTIMO!

Empreendedorismo

Painel 1: — SIM! ISSO É VITAL PARA A EMPRESA. COM O LUCRO QUE ESTAMOS CONSEGUINDO, LOGO PODEREMOS AUMENTAR A SEDE DA EMPRESA.

— É VERDADE, PAI. PODEREMOS ALUGAR OU ATÉ MESMO COMPRAR UMA NOVA SALA COMERCIAL.

Painel 2: — ESTAMOS CRESCENDO E PRECISAMOS ESTAR ATENTOS ÀS OPORTUNIDADES QUE O MERCADO OFERECE.

Painel 3: — ISSO É FUNDAMENTAL PARA GARANTIR A COMPETITIVIDADE DA EMPRESA. INOVAR PARA CRESCER!

Painel 4: — VALTER, A REUNIÃO JÁ VAI COMEÇAR. VAMOS LÁ?

Painel 5: — VAMOS! TEMOS MUITAS COISAS PARA PLANEJAR!

FIM

Encontro 1 – Enxergando oportunidades

se liga nessa!

.Existe um ditado que diz que o empreendedor é aquele que **enxerga oportunidades onde os outros veem problemas**, ou seja, o contexto é o mesmo para todas as pessoas, mas o empreendedor enxerga de modo diferente.

Mas o que significa "oportunidade"? Essa palavra tem origem no latim *opportunitate* e corresponde a algo visto como possível de ser realizado, **oportuno**. Diante de um problema, o empreendedor enxerga a oportunidade de fazer algo novo ou diferente e tem a iniciativa de fazê-lo. Portanto, o ato de empreender pressupõe iniciativa para fazer e coragem para criar, inovar e enfrentar o desconhecido. Assim agem os empreendedores de sucesso.

hora de agir

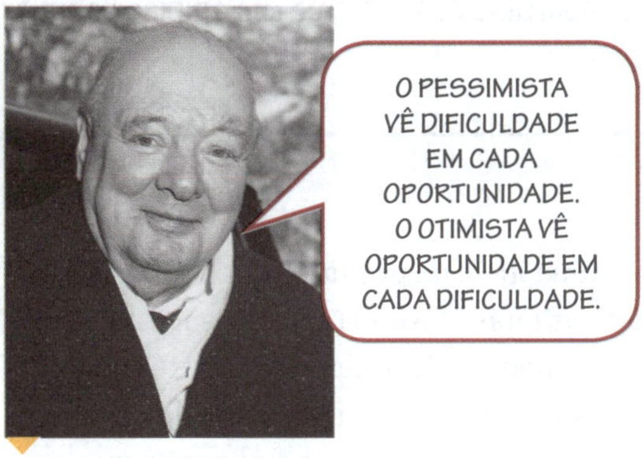

Winston Churchill

O PESSIMISTA VÊ DIFICULDADE EM CADA OPORTUNIDADE. O OTIMISTA VÊ OPORTUNIDADE EM CADA DIFICULDADE.

Essa frase é de Winston Churchill (1874-1965). Ele foi primeiro-ministro do Reino Unido, correspondente de guerra, escritor e vencedor do Prêmio Nobel de Literatura. Considerando essa frase e os conhecimentos que você adquiriu lendo a história em quadrinhos, responda às questões a seguir.

1 O empreendedor tende a ser uma pessoa pessimista ou otimista? Por quê?

_____
_____
_____
_____
_____

Empreendedorismo

2 Você consegue enxergar oportunidades na sua vida? Escreva um pouco sobre elas.

_____
_____
_____
_____
_____
_____
_____

3 A turma participará de uma atividade em que precisará buscar uma solução para problemas que estejam afetando a comunidade. Aguarde as orientações do professor.

ampliando

1 Leia a história de Jason O'Neill, um jovem que teve uma ideia empreendedora aos 9 anos de idade. Reflita sobre a oportunidade que ele identificou e compartilhe com a turma sua opinião sobre esse caso.

Jason O'Neill: criaturas coloridas

Aos 9 anos de idade, o americano Jason O'Neill teve uma ideia de produto para vender em uma feira de artesanato: criaturas coloridas para enfeitar lápis. Assim surgia a Pencil Bugs. A princípio, o jovem empreendedor atendia apenas encomendas de amigos e parentes, mas logo o negócio se tornou profissional. Cada criatura ganhou um nome e um certificado de autenticidade. Hoje, os produtos são vendidos pelo _site_ da Pencil Bugs para qualquer endereço nos Estados Unidos e Canadá. Atualmente com 14 anos de idade, O'Neill já publicou um livro com dicas para outros jovens empreendedores e mantém um _blog_ com dicas de negócios, além de promover **atividades filantrópicas**, como a arrecadação de brinquedos para crianças doentes. Tudo isso nas horas vagas, afinal, ele ainda frequenta o colégio.

MOREIRA, Daniela. _10 empreendedores mirins que deram certo_. Disponível em: <http://exame.abril.com.br/pme/noticias/10-empreendedores-mirins-de-sucesso?p=3>. Acesso em: 24 jan. 2019.

atividades filantrópicas: referem-se às atividades realizadas pelas organizações não governamentais sem fins lucrativos, por meio de doações, bem como ao trabalho voluntário realizado para apoiar instituições e ajudar a melhorar a vida das pessoas.

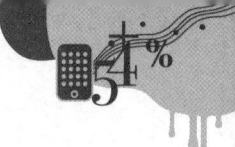

2 Vimos que Jason O'Neill teve uma ideia empreendedora que, pouco tempo depois, se tornou um negócio profissional. Agora é sua vez de identificar uma oportunidade de empreendimento. Em sua casa, identifique uma situação que precise de uma solução ou que possa ser melhorada de algum modo. De que forma essa situação pode ser resolvida? Você consegue enxergar uma oportunidade de negócio com essa situação?

_____
_____
_____
_____
_____
_____
_____
_____
_____
_____
_____
_____
_____
_____
_____
_____
_____
_____
_____
_____
_____
_____
_____
_____

Encontro 2 – Como viabilizar uma ideia

⚡ se liga nessa!

Você já ouviu falar em intraempreendedorismo? É um empreendedorismo corporativo, que acontece dentro das empresas. Nele, o intraempreendedor (empreendedor corporativo ou empreendedor interno) se envolve em novos projetos da empresa em que trabalha.

Para esse profissional, somente a rotina de trabalho não é suficiente para que ele se sinta motivado. O intraempreendedor precisa realizar coisas novas e diferentes e apresenta, em suas atitudes, traços semelhantes aos do empreendedor.

Pesquisas indicam que o empreendedorismo oferece graus elevados de realização pessoal, fazendo com que o trabalho seja uma atividade muito mais prazerosa e satisfatória. Isso quer dizer que qualquer pessoa, tendo ou não uma empresa, pode empreender. O que importa é praticar comportamentos empreendedores.

Eduardo Borges. 2019. Digital.

🏃 hora de agir

1 Leia a seguir as diferenças entre ideia de negócio e oportunidade e, depois, responda à questão.

Ideia de negócio	Oportunidade
É uma possibilidade existente em um determinado contexto. Sinaliza para o empreendedor que existe uma chance possível de montar um negócio e gerar lucro com ele. Portanto, uma ideia de negócio representa somente uma possibilidade, que ainda não se tornou uma oportunidade.	Com base na ideia de negócio, o empreendedor busca informações para analisar se vale a pena investir dinheiro e tempo. Ele elabora um plano de negócio para avaliar pontos fortes e fracos, a existência de clientes dispostos a pagar pelo produto ou serviço, o capital necessário para investir, ou seja, analisa a viabilidade da ideia de negócio. Se ela for viável, ele transforma em oportunidade de negócio o que até então era somente uma ideia.

Para montar um empreendimento, é suficiente ter apenas uma ideia de negócio? Por quê?

_____
_____
_____
_____

2 Você irá participar de uma atividade em que precisará avaliar a viabilidade de uma ideia de negócio. Aguarde as orientações do professor e, ao fim da atividade, registre abaixo suas conclusões.

_____
_____
_____
_____
_____
_____
_____
_____
_____
_____
_____

ampliando

1 Conheça a história de Pedro Franceschi e de Leanna Archer, dois jovens que conseguiram transformar uma ideia em oportunidade de negócio. Depois, discuta com os colegas e o professor a respeito dos comportamentos empreendedores que esses jovens apresentaram.

Programador brasileiro de 13 anos mostra suas ideias no TEDxSudeste

Pedro Franceschi comprou seu primeiro iPhone cobrando por desbloqueios. Hoje ele cria aplicativos para o smartphone e iPod da Apple

Um menino de 13 anos chamou a atenção do público que lotou o Planetário do Rio de Janeiro para o TEDxSudeste, edição regional da conferência mundial de ideias inovadoras, realizado em 2010. Mesmo com a pouca idade, Pedro Henrique Franceschi – ou simplesmente pH, como é conhecido no mundo virtual, já é um respeitado "ex-hacker".

Seu primeiro contato com computador foi aos seis anos. O interesse por programação surgiu pouco depois, aos oito.

Em 2008, com apenas onze anos, pH já desbloqueava iPhones com facilidade. Começou a cobrar R$ 50 por desbloqueio e com a grana acumulada conseguiu comprar o seu primeiro iPhone.

Hoje é um jovem programador promissor, criador de algumas ferramentas para computador. [...]

Leanna Archer: cabelos saudáveis

Leanna Archer começou seu negócio de produtos naturais para cabelo aos 9 anos de idade, utilizando uma receita familiar. "As pessoas viviam elogiando o meu cabelo e logo notei que era por causa da pomada caseira que eu usava", conta a jovem em seu *site*. Hoje, aos 13 anos de idade, ela é a **CEO** da Leanna's Inc., que produz e vende xampus, condicionadores e cremes para cabelos. Os pedidos são embrulhados e despachados pela própria Leanna, todos os dias após terminar a lição de casa. A empresa recebe mais de 350 pedidos por semana e faturou 100 mil dólares em 2007, último dado público disponível sobre o faturamento da empresa.

> **CEO**: na língua inglesa, é a sigla de *chief executive officer*, que significa diretor executivo. É o cargo com maior autoridade em uma organização, responsável pelas estratégias e pela visão da empresa.

NENO, Mylène. *Programador brasileiro de 13 anos mostra suas ideias no TEDxSudeste*. Disponível em: <http://g1.globo.com/tecnologia/noticia/2010/05/programador-brasileiro-de-13-anos-mostra-suas-ideias-no-tedxsudeste.html>. Acesso em: 24 jan. 2019.

2 Pense em uma atividade que você ainda não saiba fazer. Pesquise sobre ela e aprenda a fazê-la, para ensiná-la a um colega de sala. Utilize o espaço abaixo para registrar o que você aprendeu sobre a atividade que escolheu e para fazer um planejamento de como ensinará isso ao colega.

_____
_____
_____
_____
_____
_____
_____
_____
_____
_____
_____
_____

Encontro 3 – O papel do consultor

se liga nessa!

O que faz um(a) consultor(a)?

O profissional procurado pelo empreendedor em função de seu saber técnico e sua experiência em determinada área é denominado **consultor** ou **consultora**. A atividade exercida pelo consultor é designada **consultoria**. Na história que lemos, Cristina é uma consultora especializada em gestão de pequenos negócios, ou seja, ela conhece a solução para alguns problemas e detêm ferramentas e técnicas para identificar o que deve ser feito em novos negócios.

Eduardo Borges. 2019. Digital.

hora de agir

Você participará de uma atividade em que prestará uma consultoria a um colega de sala. Aguarde as orientações do professor.

ampliando

Faça uma pesquisa sobre empresas de consultoria e responda às questões propostas. Compartilhe essas informações com os colegas no próximo encontro.

a) Como são as empresas que prestam o serviço de consultoria?
___
___

b) Quais são as características desse serviço?
___
___

c) Quais são os benefícios da consultoria para as empresas?
___
___

d) Em sua cidade, há empresas que prestam consultorias? Se houver, escolha uma e descubra que serviços ela oferece e como funciona esse serviço.
___
___

Encontro 4 – Tomada de decisão diante de desafios

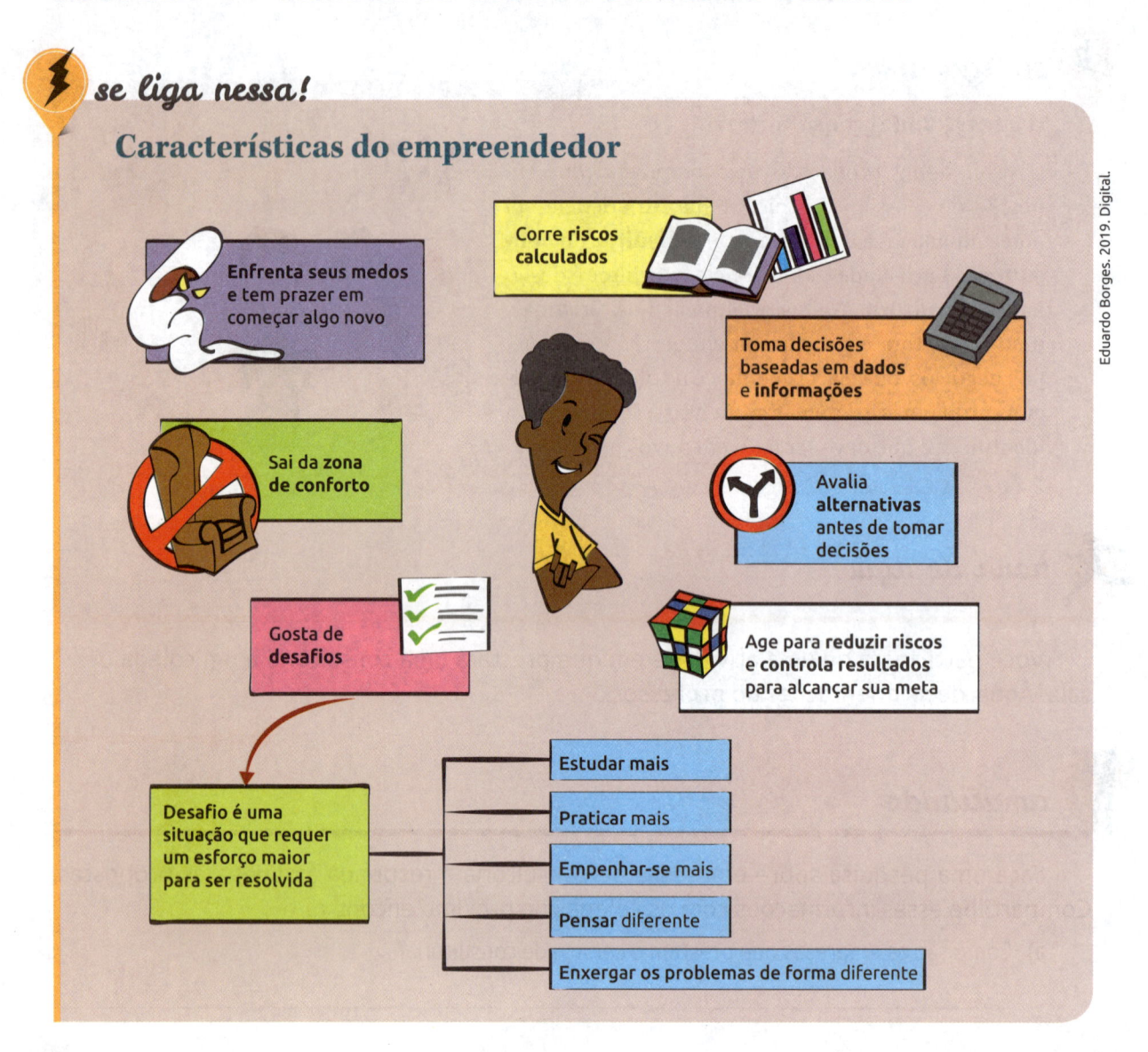

se liga nessa!

Características do empreendedor

- Enfrenta seus medos e tem prazer em começar algo novo
- Corre riscos calculados
- Toma decisões baseadas em **dados** e **informações**
- Sai da zona de conforto
- Avalia **alternativas** antes de tomar decisões
- Gosta de desafios
- Age para reduzir riscos e **controla resultados** para alcançar sua meta

Desafio é uma situação que requer um esforço maior para ser resolvida:
- Estudar mais
- Praticar mais
- Empenhar-se mais
- Pensar diferente
- Enxergar os problemas de forma diferente

Eduardo Borges. 2019. Digital.

hora de agir

1 Na história, Valter diz ao filho que abrir um negócio é coisa séria, pois é preciso ter ciência dos riscos envolvidos. De que forma é possível calcular os riscos antes de abrir um negócio?

_____
_____
_____

2 Você participará de uma atividade na qual terá de tomar decisões diante de desafios. Aguarde as orientações do professor.

44 8º ano

ampliando

1 Você gosta de desafios? Que tal resolver alguns enigmas desafiadores?

a) Observe os grupos a seguir. Em cada um, há quatro palavras.

X = {cão, gato, galo, cavalo}
Y = {Argentina, Bolívia, Brasil, Canadá}
Z = {abacaxi, limão, chocolate, morango}
T = {violino, flauta, harpa, guitarra}
U = {Aline, Maria, Alfredo, Denise}

Marque apenas uma alternativa. Nos grupos X, Y, Z, T e U, as palavras que não pertencem aos grupos são, respectivamente:

( ) galo, Bolívia, abacaxi, guitarra e Alfredo.
( ) cão, Canadá, morango, flauta e Denise.
( ) galo, Canadá, chocolate, flauta e Alfredo.
( ) cavalo, Argentina, chocolate, harpa e Aline.
( ) gato, Canadá, limão, guitarra e Maria.

b) Qual das cinco alternativas representa a comparação que melhor completa a frase a seguir?
Água está para gelo assim como leite está para...

( ) mel.   ( ) queijo.
( ) mingau.   ( ) biscoito.
( ) café.

c) As letras ECHOOL, se colocadas na ordem correta, correspondem ao nome de

( ) um oceano.   ( ) um animal.
( ) um país.   ( ) um estado.
( ) uma cidade.

d) Qual palavra deve ser retirada da frase abaixo para que ela faça sentido quando arrumada?
A roupa de Roma tempestade roeu rei o rato do

( ) Tempestade   ( ) Roupa
( ) Rato   ( ) Rei
( ) Roeu

e) Qual dos cinco itens abaixo não se encaixa no grupo?

( ) Tato   ( ) Audição
( ) Sorriso   ( ) Visão
( ) Paladar

f) Qual dos itens abaixo melhor completa a frase a seguir?

Árvore está para chão assim como chaminé está para...

( ) fumaça.   ( ) céu.
( ) telhado.   ( ) calçada.
( ) garagem.

2 Pense em uma decisão importante que você tenha tomado recentemente. Relate essa experiência com base nas respostas às perguntas a seguir.

▸ Tomar essa decisão foi fácil ou difícil? Por quê?
▸ Você se baseou em fatos e informações ou decidiu por impulso?
▸ Alguém ajudou você a tomar essa decisão? Como?
▸ Você realizou o que tinha decidido ou precisou alterar o plano?

_____
_____
_____
_____
_____
_____
_____
_____
_____
_____
_____
_____
_____
_____
_____
_____
_____
_____
_____

Encontro 5 – Qualidade e eficiência

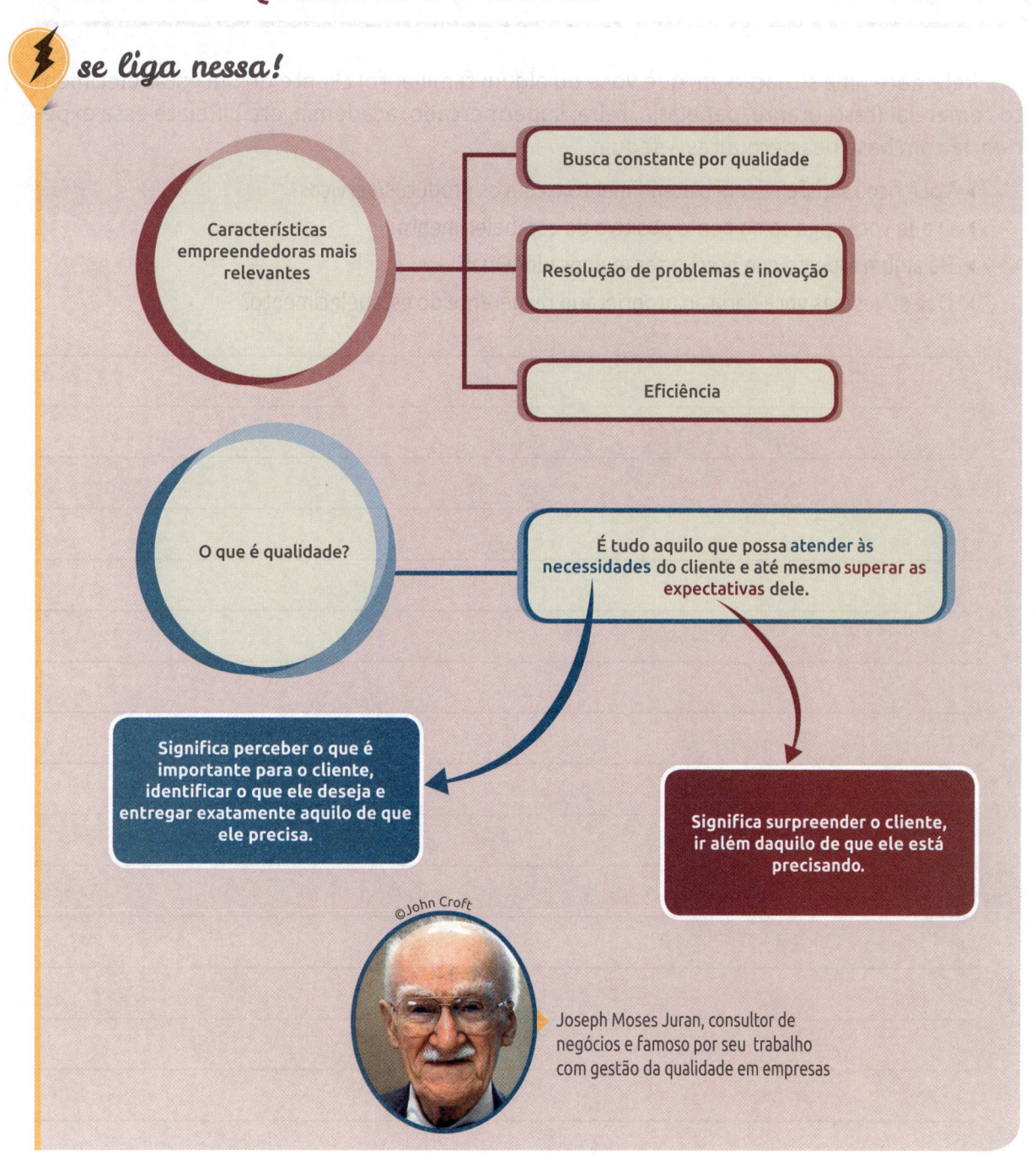

se liga nessa!

Características empreendedoras mais relevantes
- Busca constante por qualidade
- Resolução de problemas e inovação
- Eficiência

O que é qualidade?
É tudo aquilo que possa **atender às necessidades** do cliente e até mesmo **superar as expectativas** dele.

- Significa perceber o que é importante para o cliente, identificar o que ele deseja e entregar exatamente aquilo de que ele precisa.
- Significa surpreender o cliente, ir além daquilo de que ele está precisando.

©John Croft

Joseph Moses Juran, consultor de negócios e famoso por seu trabalho com gestão da qualidade em empresas

hora de agir

Você participará de uma dinâmica em que irá perceber a importância da qualidade na execução das tarefas. Aguarde as orientações do professor.

Empreendedorismo

ampliando

Relembre uma situação em que você ou algum familiar foi cliente de um estabelecimento comercial (restaurante, papelaria, feira, supermercado, academia, etc.). Relate essa experiência com base nas perguntas a seguir.

- Você ficou satisfeito com o atendimento e com os produtos/serviços?
- O que você julga como ponto positivo do estabelecimento?
- Há algum aspecto que precisa ser melhorado? Qual?
- Que sugestões você daria ao proprietário ou gerente do estabelecimento?

Encontro 6 – Segmento de mercado

se liga nessa!

O que é segmento de mercado?

É a identificação do perfil do consumidor que se quer atingir por meio de informações como personalidade, frequência de compra, região de atuação e benefícios mais procurados.

O que é retorno sobre o investimento?

É um indicador de atratividade do negócio. Mostra o tempo necessário para que o empreendedor recupere o dinheiro investido na montagem de um negócio ou na ampliação de um já existente.

Ilustrações: Eduardo Borges. 2019. Digital.

hora de agir

1 Leia o texto a seguir, que trata dos comportamentos característicos de um empreendedor assertivo.

> O empreendedor de sucesso tem um traço muito particular: antes de tomar qualquer decisão, ele avalia todas as alternativas e faz uma análise dos riscos envolvidos. Somente depois de levantar todas as informações necessárias é que ele toma uma decisão.

Releia o sexto trecho da história e aponte os procedimentos adotados pelos personagens que podem ser caracterizados como comportamentos empreendedores.

_____
_____
_____

2 Você realizará uma atividade na qual terá de identificar o segmento de mercado para a solução ou oportunidade encontrada. Aguarde as instruções do professor.

Empreendedorismo

ampliando

Leia o texto a seguir e reflita sobre a preocupação de um empresário com a qualidade de seu serviço e como ele passou a encantar os clientes.

Aplicativo 'SPA at Home' leva qualidade e comodidade para serviços de beleza a domicílio

18 de setembro de 2017
Monalisa Moraes

No último dia 30 de agosto, foi lançado o aplicativo para smartphone *SPA at Home*, que tem a proposta de conectar os profissionais da beleza e saúde aos clientes, para realizar serviços de maquiagem, massagem e manicure a domicílio nas cidades de Goiânia, Região Metropolitana e Anápolis.

Com o diferencial de padrão e excelência no atendimento, será oferecido aos clientes comodidade e facilidade para receber os serviços no conforto do lar e para os profissionais, o aumento os serviços realizados e, consequentemente, o faturamento.

O aplicativo foi lançado com 100 profissionais parceiros, dentre eles maquiadores, massagistas, massoterapeutas e manicures altamente qualificados e selecionados a dedo. "Muitos possuem diversos cursos na área, alguns inclusive com graduação e pós-graduação. Após a seleção, realizamos um curso com os profissionais para passar nosso padrão de atendimento", afirmou o empreendedor digital, Lorenzo Junqueira, idealizador do projeto.

O aplicativo *SPA at Home* está disponível para Android e iOS, é gratuito e funciona de uma forma muito simples: você faz um cadastro e já estará apto a solicitar um serviço. Você escolhe uma categoria – maquiagem, massagem ou manicure –, depois o serviço, o endereço e o horário que quer ser atendido, escolhe o profissional através de uma lista, preenche os dados do cartão de crédito e pronto, aí é só esperar o profissional chegar na hora marcada.

MORAES, Monalisa. *Aplicativo 'SPA at Home' leva qualidade e comodidade para serviços de beleza a domicílio*. Disponível em: <http://startupgoias.com.br/aplicativo-spa-at-home-leva-qualidade-e-comodidade-para-servicos-de-beleza-domicilio/>. Acesso em: 1º ago. 2019.

Na seção **Ampliando** da página 39, você foi desafiado a encontrar na sua casa uma situação que precisasse de uma solução ou melhoria. Retome esse registro e, analisando o que e como você fez, elabore um texto com base nas respostas às questões a seguir.

a) Para qual clientela você imagina que sua solução pode ser oferecida?

b) O produto ou serviço que imaginou para sua casa já é fabricado ou oferecido por alguma empresa? Quem são os prováveis concorrentes?

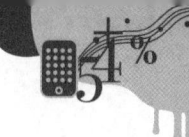

c) Se você fosse produzir esse produto ou oferecer esse serviço, quem seriam seus potenciais fornecedores?

_____
_____
_____
_____
_____
_____
_____
_____
_____
_____
_____
_____
_____
_____
_____
_____
_____
_____
_____
_____
_____
_____
_____
_____
_____

Encontro 7 – Organização é qualidade

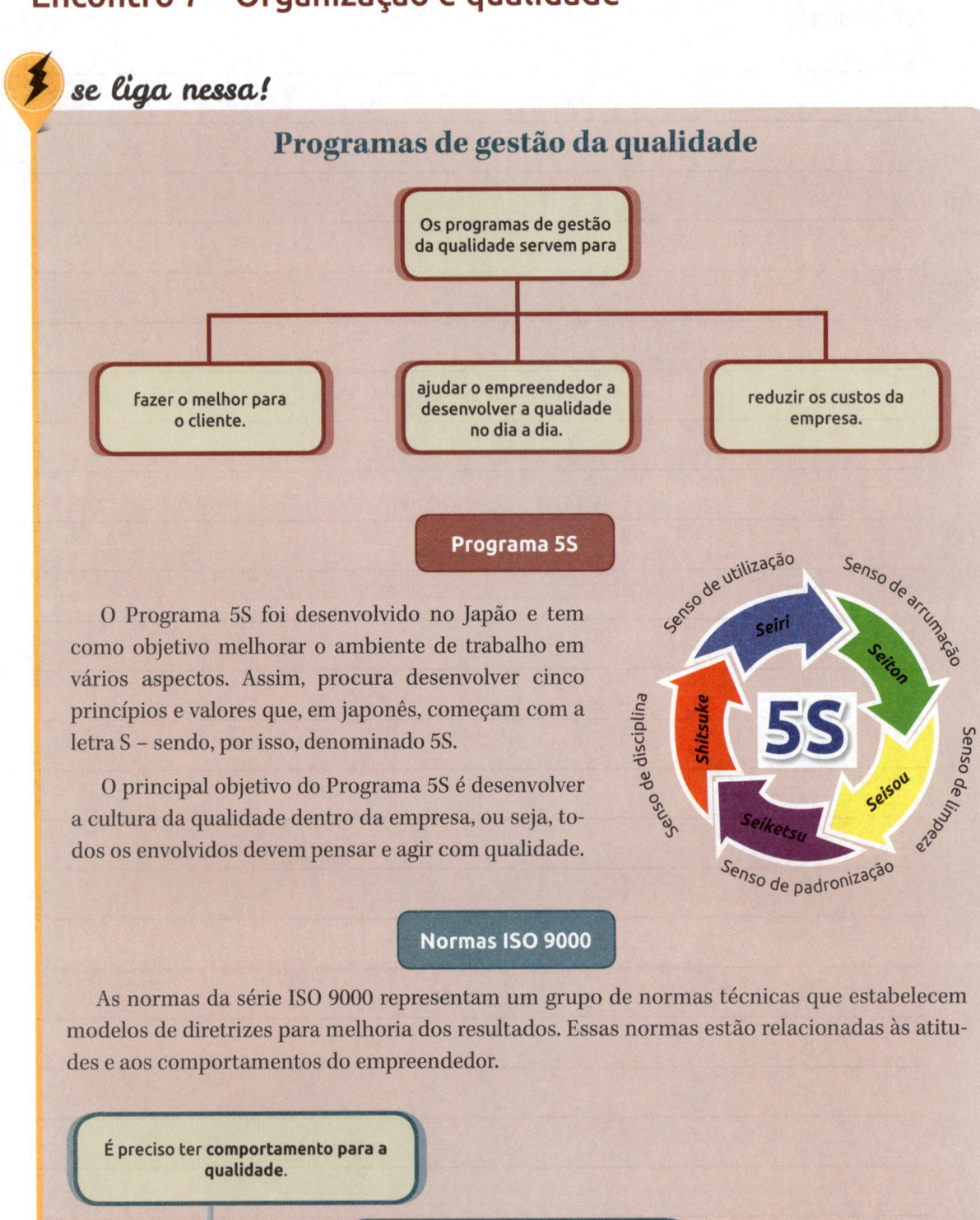

se liga nessa!

Programas de gestão da qualidade

Os programas de gestão da qualidade servem para:
- fazer o melhor para o cliente.
- ajudar o empreendedor a desenvolver a qualidade no dia a dia.
- reduzir os custos da empresa.

Programa 5S

O Programa 5S foi desenvolvido no Japão e tem como objetivo melhorar o ambiente de trabalho em vários aspectos. Assim, procura desenvolver cinco princípios e valores que, em japonês, começam com a letra S – sendo, por isso, denominado 5S.

O principal objetivo do Programa 5S é desenvolver a cultura da qualidade dentro da empresa, ou seja, todos os envolvidos devem pensar e agir com qualidade.

Senso de utilização – Seiri
Senso de arrumação – Seiton
Senso de limpeza – Seisou
Senso de padronização – Seiketsu
Senso de disciplina – Shitsuke

Normas ISO 9000

As normas da série ISO 9000 representam um grupo de normas técnicas que estabelecem modelos de diretrizes para melhoria dos resultados. Essas normas estão relacionadas às atitudes e aos comportamentos do empreendedor.

- É preciso ter **comportamento para a qualidade**.
- Qualidade exige **persistência** e **comprometimento**.
- Comprometimento para melhorar constantemente. Por essa razão, fala-se em **melhoria contínua**.

hora de agir

1 Na história, Glória está atenta para manter-se no mercado, ouvindo os clientes e implantando as sugestões de melhoria que recebe deles. Escutar o que o cliente tem a dizer é muito importante para o empreendedor de sucesso.

> Uma pesquisa realizada pela Disney apontou as razões pelas quais os clientes deixaram de comprar um produto ou serviço: 68% dos clientes responderam que o motivo é o fato de que foram mal atendidos pelos vendedores.
>
> Isso significa que, de cada dez clientes que uma empresa perde, sete são por conta do atendimento. Se um cliente deixa de comprar produtos em uma empresa, passa a comprar os do concorrente.

a) Você já foi mal atendido em uma situação de compra? Como se sentiu?

_____
_____
_____

b) Por qual outro motivo você desiste de comprar um produto ou serviço?

_____
_____
_____

2 Você sabe qual é a importância de manter informações e objetos organizados? Para descobrir, aguarde as orientações e participe ativamente da dinâmica proposta.

Imagem 1

Imagem 2

Empreendedorismo

ampliando

1 Vamos praticar o programa 5S? Realize um exercício de 5S no seu material escolar (pasta, mochila, estojo, etc.) conforme as orientações a seguir.

Senso de utilização
- Abra a pasta, a mochila, o estojo, os bolsos e a carteira e veja o que pode ser descartado.
- Descarte o que você não for usar mais.
- Tenha cuidado para não descartar algo importante, como avisos da escola e boletins.
- Os materiais que você não vai mais usar podem ser úteis para alguém? Se sim, doe-os; se não, descarte-os.

Senso de arrumação
Organize o material dentro de sua mochila da seguinte forma:
- O que é bastante utilizado (estojo, por exemplo) deve ficar em um compartimento de fácil acesso.
- O que você usa pouco pode ser deixado em um compartimento que não seja de acesso tão rápido.
- Veja se há algo que você usa raramente ou não usa e que podem ser deixadas em casa, para não deixar a mochila ainda mais pesada.

Senso de limpeza
- Verifique se sua mochila e seu material estão limpos.
- Utilize um pano para tirar pó ou sujeira e lave o que puder ser lavado.

Senso de padronização
- Defina a melhor forma de guardar seu material dentro da mochila. Deixe livros e cadernos juntos ou organize-os conforme o tamanho ou algum outro padrão que você queira adotar.
- Reorganize os materiais dentro da mochila para que você sempre saiba onde estão e fique prático de pegá-los.

Só com disciplina é possível conservar os ganhos obtidos com os 5S. Revise as dicas:

▸ Sempre doe ou descarte o que não é mais utilizado.
▸ Deixe em local de fácil acesso o que é usado com bastante frequência e, em locais menos acessíveis, os materiais que são utilizados apenas de vez em quando.
▸ Mantenha a mochila e o material sempre limpos.
▸ Organize o material dentro da mochila de modo que possa ser encontrado facilmente, mantendo um padrão.
▸ Se possível, tire uma foto de como seu material está organizado dentro da mochila para você não esquecer e poder manter sempre o mesmo padrão.
▸ Caso haja uma forma ainda mais prática de organizar os materiais, você pode mudar o padrão.

Senso de disciplina

2 Agora, aplique essas dicas de organização no seu quarto, praticando o 5S nas gavetas e nos armários. Se possível, tire uma foto antes de você realizar o 5S no quarto e outra depois das mudanças. Veja este exemplo de arrumação de gaveta:

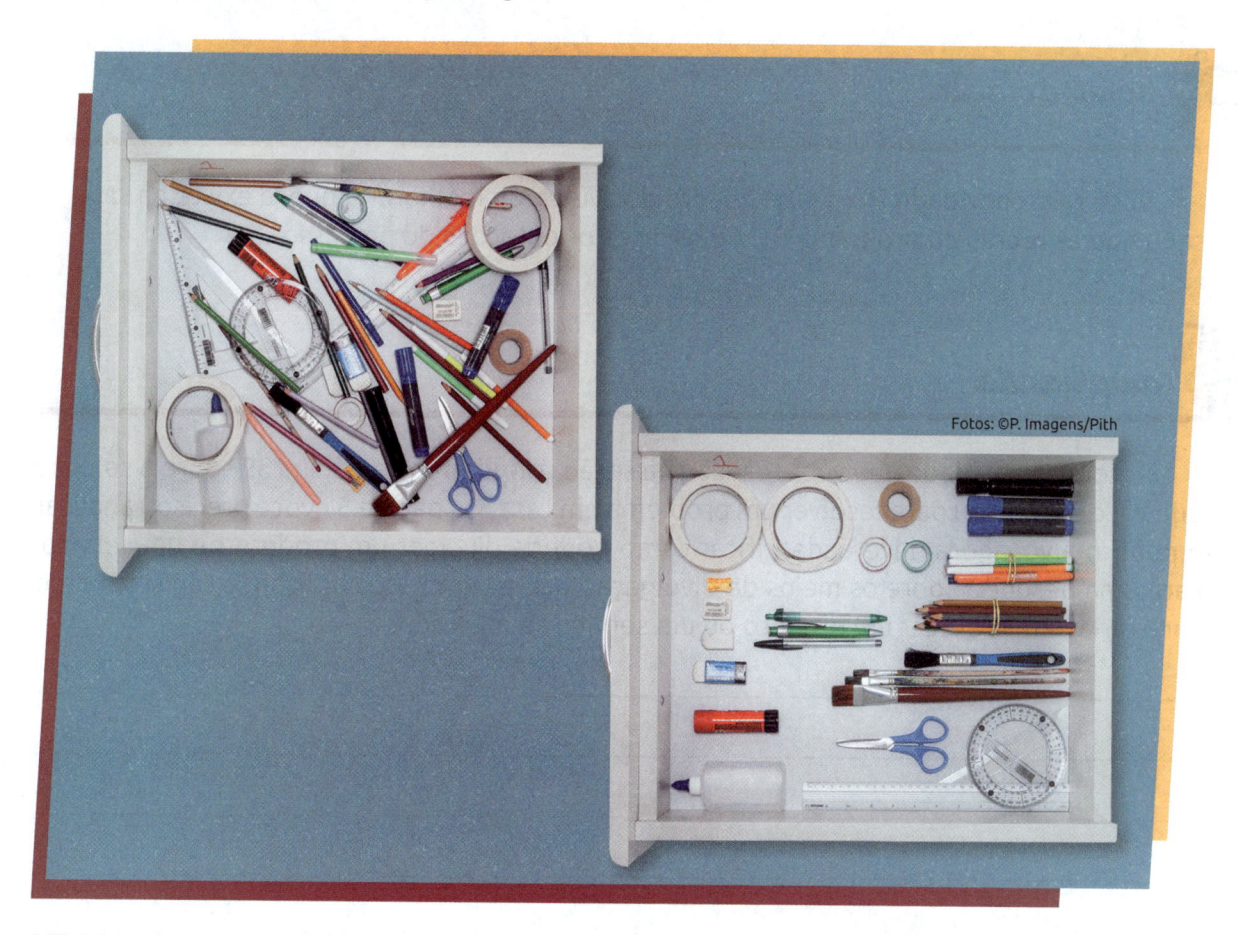

Fotos: ©P. Imagens/Pith

Empreendedorismo 55

Encontro 8 – Busca de oportunidade e iniciativa

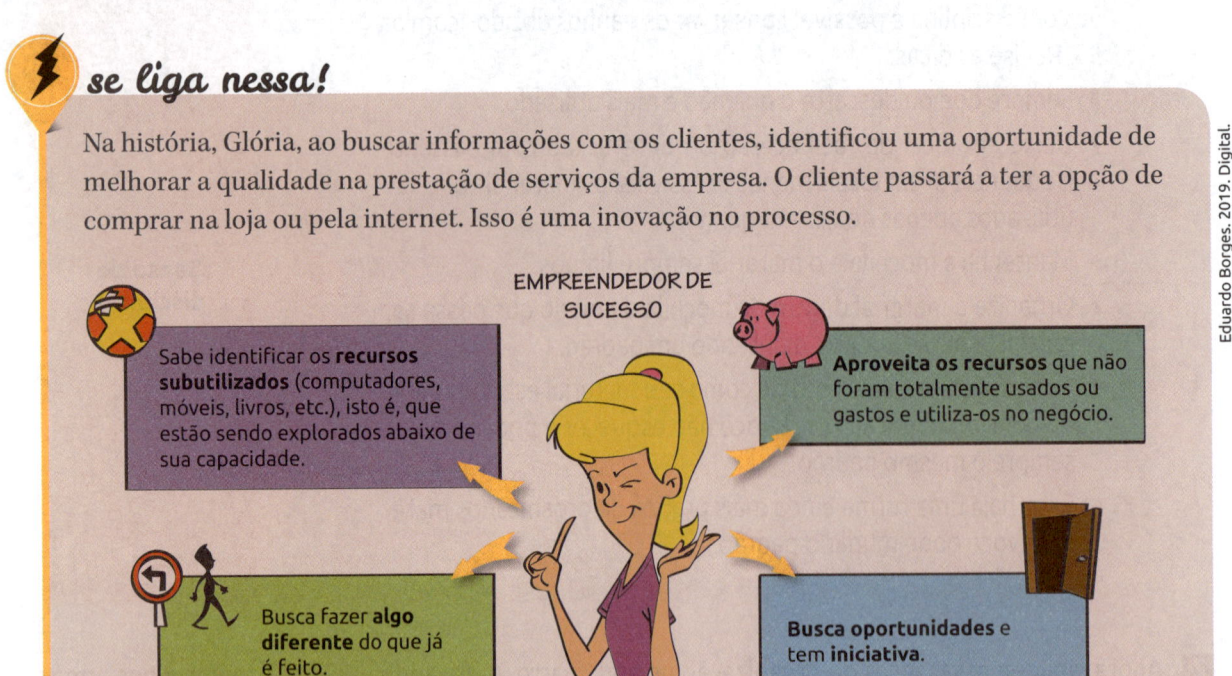

se liga nessa!

Na história, Glória, ao buscar informações com os clientes, identificou uma oportunidade de melhorar a qualidade na prestação de serviços da empresa. O cliente passará a ter a opção de comprar na loja ou pela internet. Isso é uma inovação no processo.

EMPREENDEDOR DE SUCESSO

- Sabe identificar os **recursos subutilizados** (computadores, móveis, livros, etc.), isto é, que estão sendo explorados abaixo de sua capacidade.
- **Aproveita os recursos** que não foram totalmente usados ou gastos e utiliza-os no negócio.
- Busca fazer **algo diferente** do que já é feito.
- Busca oportunidades e tem **iniciativa**.

Eduardo Borges. 2019. Digital.

hora de agir

Você será convidado a criar um quadro de avisos, ou melhorar o que já existe na sala, seguindo as regras do programa 5S. Aguarde as orientações do professor.

ampliando

Retome a atividade que você realizou na seção **Ampliando** da página 39 sobre a solução que você encontrou para resolver um problema em casa. Na página 51 você precisou analisar o público-alvo, agora deverá identificar como poderia divulgar um produto ou um serviço. Faça uma pesquisa sobre os meios de divulgação que as empresas utilizam e registre como você faria para oferecer um produto ou um serviço ao mercado.

_____
_____
_____
_____
_____

Encontro 9 – Utilizando recursos disponíveis

hora de agir

1 Na história, Eduardo explica aos sócios que estão com problemas para contratar e pagar bons ilustradores e que isso está limitando a produção. Qual foi a sugestão da consultora Cristina para resolver esse problema?

_____
_____
_____
_____

2 Quer saber por que se deve buscar soluções diferentes quando se dispõe de poucos recursos? Aguarde as orientações e participe ativamente da dinâmica proposta.

se liga nessa!

Você sabe o que é *home office*?

Home office é uma expressão da língua inglesa que significa "escritório em casa" (*home* = casa e *office* = escritório). Esse tipo de trabalho é geralmente utilizado por profissionais e trabalhadores independentes e autônomos. Esse conceito se tornou um modelo empresarial muito adotado por empresas que acreditam que o profissional consegue focar mais no trabalho estando em casa, pois, além de ter mais flexibilidade com os horários, ele não perde tempo se deslocando até a empresa.

Essa é uma forma de terceirizar o trabalho, ou seja, contratar profissionais que não são funcionários da empresa para executar funções a distância. Ao transferir parte das atividades para essas pessoas, a empresa reduz custos sem prejudicar os resultados.

Empreendedorismo

ampliando

1 Responda às questões a seguir a respeito das ilustrações feitas por um ilustrador profissional.

a) Qual dos recipientes tem uma característica diferente dos demais?

Ilustrações: Rafael Zanchetin. 2014. Digital.

b) Qual dos cinco animais se parece menos com os outros quatro?

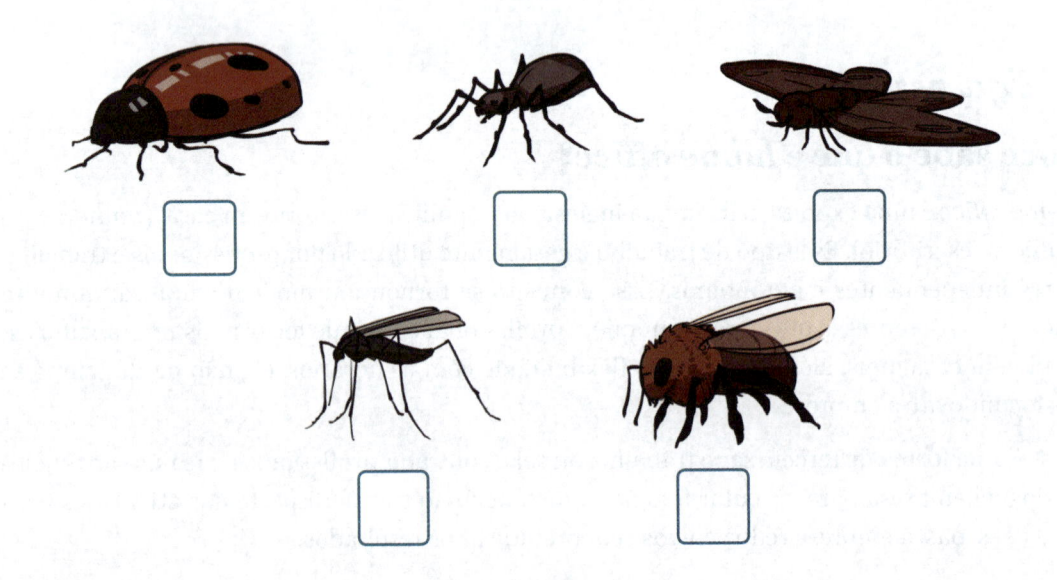

c) Qual destes gatos não combina com os outros?

58 8º ano

2 Como foi fazer as atividades com as ilustrações? Você percebeu alguma diferença entre elas e as atividades realizadas apenas com palavras?

_____
_____
_____
_____

3 A ilustração é um recurso usado para comunicar uma mensagem, uma ideia ou um pensamento por meio de imagens e desenhos. Em um empreendimento, desenhos e fotos podem auxiliar o cliente a tomar decisões sobre o que comprar quando vê um catálogo ou um anúncio em jornal, por exemplo. Faça um desenho que comunique a ideia de que os produtos da FitBrasil são bons e de qualidade. Não se preocupe em fazer um desenho semelhante aos produzidos pelos ilustradores profissionais, apenas procure a melhor forma de passar a mensagem, imaginando que está produzindo um catálogo. Você pode usar desenhos e palavras.

4 Aguarde as orientações do professor sobre uma gincana que será realizada e participe ativamente da atividade.

Empreendedorismo

Encontro 10 – Padrões e procedimentos

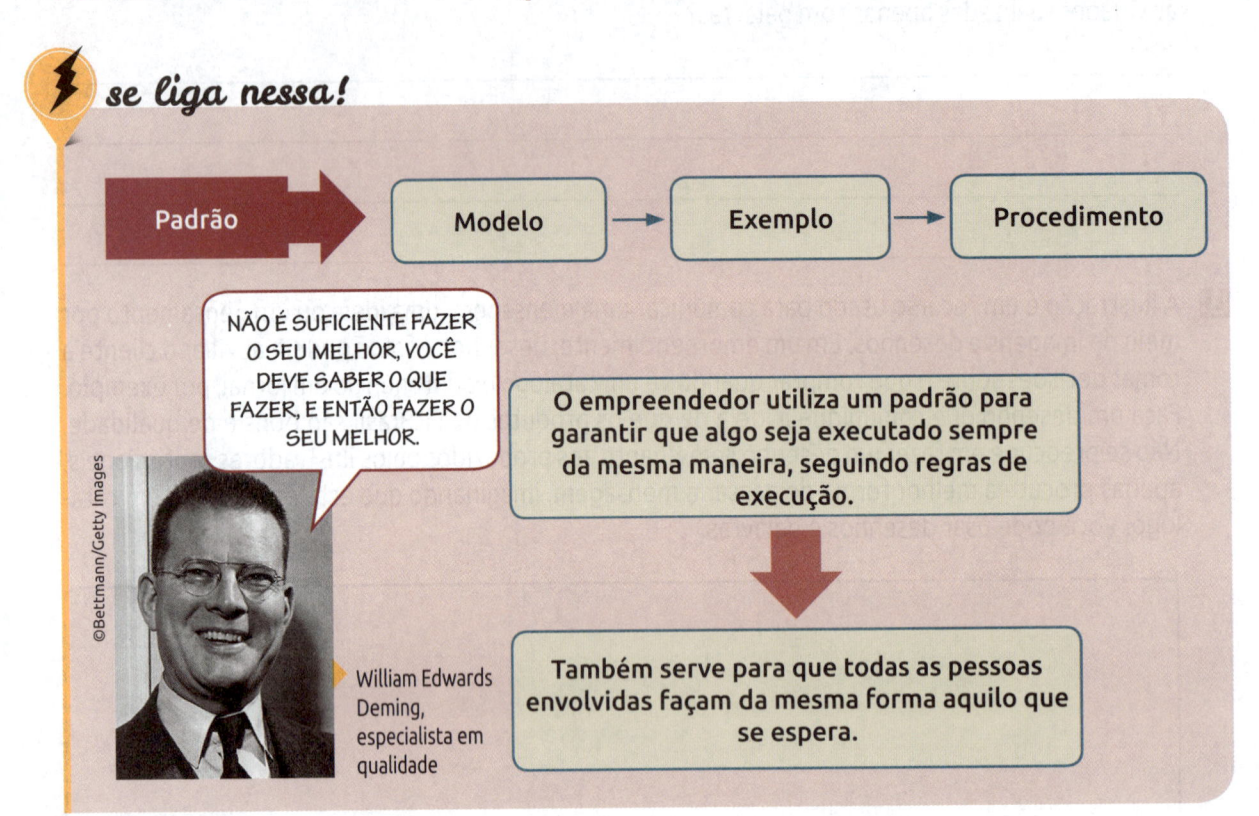

se liga nessa!

Padrão → Modelo → Exemplo → Procedimento

"NÃO É SUFICIENTE FAZER O SEU MELHOR, VOCÊ DEVE SABER O QUE FAZER, E ENTÃO FAZER O SEU MELHOR."

William Edwards Deming, especialista em qualidade

O empreendedor utiliza um padrão para garantir que algo seja executado sempre da mesma maneira, seguindo regras de execução.

Também serve para que todas as pessoas envolvidas façam da mesma forma aquilo que se espera.

hora de agir

1 Qual seu entendimento a respeito da frase de William Edwards Deming?
_____
_____
_____

2 Com base nas orientações que você receberá do professor, identifique a existência de padrões, modelos ou procedimentos na escola. Registre as informações que julgar interessantes.
_____
_____

ampliando

Realize com seu grupo a tarefa 2 da gincana do empreendedorismo, conforme as orientações dadas pelo professor.

Encontro 11 – Relacionamento com o cliente

hora de agir

Nas páginas 26 e 27 da história, os personagens reconhecem que a satisfação dos clientes é muito importante e que isso aumenta ainda mais a responsabilidade da empresa. Leia o texto a seguir e veja como a participação nas redes sociais está aumentando no processo de relacionamento com o cliente. Troque ideias com a turma e, em seguida, responda às questões.

De olho nas redes sociais

Canal deve se fortalecer no processo de relacionamento entre empresa e cliente

Um bom atendimento gera uma série de consequências positivas, sendo a principal delas a satisfação do cliente. Em 2013, foi possível observar o crescimento de muitos canais nesse processo, e as redes sociais são bons exemplos disso. Na visão de Sonia Rica, diretora de atendimento da Porto Seguro, há uma expectativa de que, nesse ano [2014], esse canal cresça e se consolide por seu uso cada vez mais frequente nas interações entre empresa e cliente. "Esse movimento precisa ser olhado com crescente atenção pelas empresas, que devem aperfeiçoar o seu preparo para interagir com os clientes que começam a fazer uso mais intenso desses canais para elogiar, sugerir, solicitar e até mesmo reclamar", comenta a diretora.

Mas não basta estar só nas redes sociais. Os demais canais de atendimento devem continuar ativos, principalmente para atender a todos os públicos prontamente. "As empresas precisam reconhecer que há vários perfis de clientes e devem entregar o melhor atendimento em cada ponto de contato. Seja telefone, *chat*, *e-mail*, redes sociais e outros canais eletrônicos", diz Sonia. Esses canais auxiliam na construção de confiança do consumidor, pois a satisfação não depende só do produto, mas de toda a experiência no processo de compra. "No relacionamento com o cliente, as empresas devem se posicionar de forma que seu papel transcenda o produto ou serviço que ofereçem. Esse é um desafio constante e que independe das tendências que se apresentem ano a ano ou do avanço dos canais de interação com o consumidor", afirma.

Nesse sentido, a experiência do cliente é um dos pontos importantes e devem ser como um diferencial para a fidelização. E isso começa no atendimento, o que leva de volta à questão da importância do multicanal e a atenção às tendências. "É preciso observar e interagir com as novas tecnologias e aderentes ao perfil do cliente em suas várias fases da vida, deixando-os escolher o melhor canal de relacionamento com a empresa", sugere Sonia. A diretora pontua, também, que é importante o cuidado contínuo com essa experiência, já que impacta direto na percepção do cliente e o influencia nas tomadas de decisão.

RICA, Sonia. *De olho nas redes sociais*. Disponível em: <http://www.clientesa.com.br/gestao/52743/de-olho-nas-redes-sociais/ler.aspx>. Acesso em: 24 jan. 2019. ©Portal ClienteSA (www.clientesa.com.br)

a) Por que as empresas se preocupam em oferecer um bom atendimento aos clientes?
_____
_____

b) De acordo com o texto, quais são os canais mais utilizados no relacionamento com o cliente?
_____

c) Qual é o papel das redes sociais no relacionamento com os clientes atualmente?
_____
_____
_____
_____

d) Por que o texto afirma que a satisfação do cliente não depende só do produto, mas de toda a experiência no processo de compra?
_____
_____
_____
_____

e) Você participa de alguma rede social eletrônica? Qual?
_____

f) Como os anúncios de empresas e de produtos aparecem nas redes sociais que você utiliza?
_____
_____

g) Se você quisesse sugerir alguma melhoria para um produto que comprou, que modo consideraria mais fácil e eficiente? Por quê?
_____
_____
_____
_____

h) Ter acesso fácil à empresa da qual comprou um produto ou um serviço pode melhorar a imagem que você tem dela? Por quê?
_____
_____
_____
_____

ampliando

Muitas empresas, além de ter seu próprio *site*, também criam perfis nas redes sociais para que os clientes possam fazer comentários sobre os produtos e dizer se ficaram ou não satisfeitos com a compra ou com o atendimento. Essa prática colabora para que elas melhorem seus produtos e saibam se os clientes estão ou não satisfeitos. Isso é importante porque, atualmente, muitas pessoas, antes de comprar um produto, utilizam a internet para verificar os comentários sobre ele, bem como o preço, a qualidade, entre outras informações.

1 Com base nas informações do texto, faça o que se pede a seguir.

a) Liste três produtos ou serviços com os quais você tenha ficado satisfeito e explique por quê.

_____
_____
_____
_____
_____
_____
_____
_____
_____
_____

b) Liste três produtos ou serviços com os quais você não tenha ficado satisfeito e explique os motivos da insatisfação.

_____
_____
_____
_____
_____
_____
_____
_____
_____
_____

2 Junto com seu grupo, realize a tarefa 3 da gincana do empreendedorismo, conforme as orientações dadas pelo seu professor.

Encontro 12 – Buscando qualidade

⚡ se liga nessa!

O que é ISO?

ISO é a sigla de International Organization for Standardization, ou Organização Internacional para Padronização, em português. A ISO é uma entidade de padronização e normatização e foi criada em Genebra, na Suíça, em 1947.

A sigla para International Organization for Standardization deveria ser IOS, e não ISO. No entanto, como em cada país cujo idioma oficial não fosse o inglês existiria uma sigla diferente, os fundadores decidiram escolher uma só sigla para todos os países: ISO. Essa foi a sigla escolhida porque em grego *isos* significa "igual", o que se enquadra no propósito da organização.

A ISO tem como objetivo principal aprovar normas internacionais em todos os campos técnicos, como normas técnicas, classificações de países, normas de procedimentos e processos, [...]. No Brasil, a ISO é representada pela ABNT (Associação Brasileira de Normas Técnicas).

A ISO promove a normatização de empresas e produtos para manter a qualidade permanente. Suas normas mais conhecidas são a ISO 9000, ISO 9001, ISO 14000 e ISO 14064. As ISO 9000 e 9001 são um sistema de gestão de qualidade aplicado em empresas, as ISO 14000 e ISO 14064 são um sistema de gestão da qualidade.

SIGNIFICADOS da ISO. Disponível em: <http://www.significados.com.br/iso/>. Acesso em: 24 jan. 2019.

Foi a ABNT quem criou, no Brasil, a norma 842:2010, relativa à qualidade dos serviços para os pequenos negócios. É a primeira norma brasileira aplicada especificamente ao comércio, e trata de requisitos de atendimento como cortesia, confiança do cliente e tantos outros.

hora de agir

1 Qual é o principal objetivo da ISO?

_____
_____
_____
_____
_____

2 Do que trata a norma brasileira criada especialmente para as pequenas empresas?

_____
_____
_____
_____
_____

ampliando

1 Você participará de uma atividade na qual terá de analisar o que fazer com uma reclamação ou uma sugestão a fim de melhorar o nível de qualidade dos produtos ou serviços. Após a realização da atividade, registre as informações que você julgar mais importantes.

_____
_____
_____
_____
_____
_____
_____
_____

Realize com a turma a tarefa 4 da gincana do empreendedorismo conforme as orientações do professor.

Encontro 13 – Plano de negócio: parte 1

⚡ se liga nessa!

O que é um plano de negócio?

É uma ferramenta ou documento utilizado pelo empreendedor para planejar a constituição de uma empresa ou ampliá-la. No plano de negócio são registrados:

- os objetivos da empresa
- os concorrentes da empresa
- o perfil dos clientes
- as estratégias de *marketing*
- o plano financeiro ou o estudo de viabilidade

Que tal ver um modelo simplificado para a elaboração de um plano de negócio?

Parte 1: definição do negócio

Guia para confecção de plano simplificado de negócio (PSN)

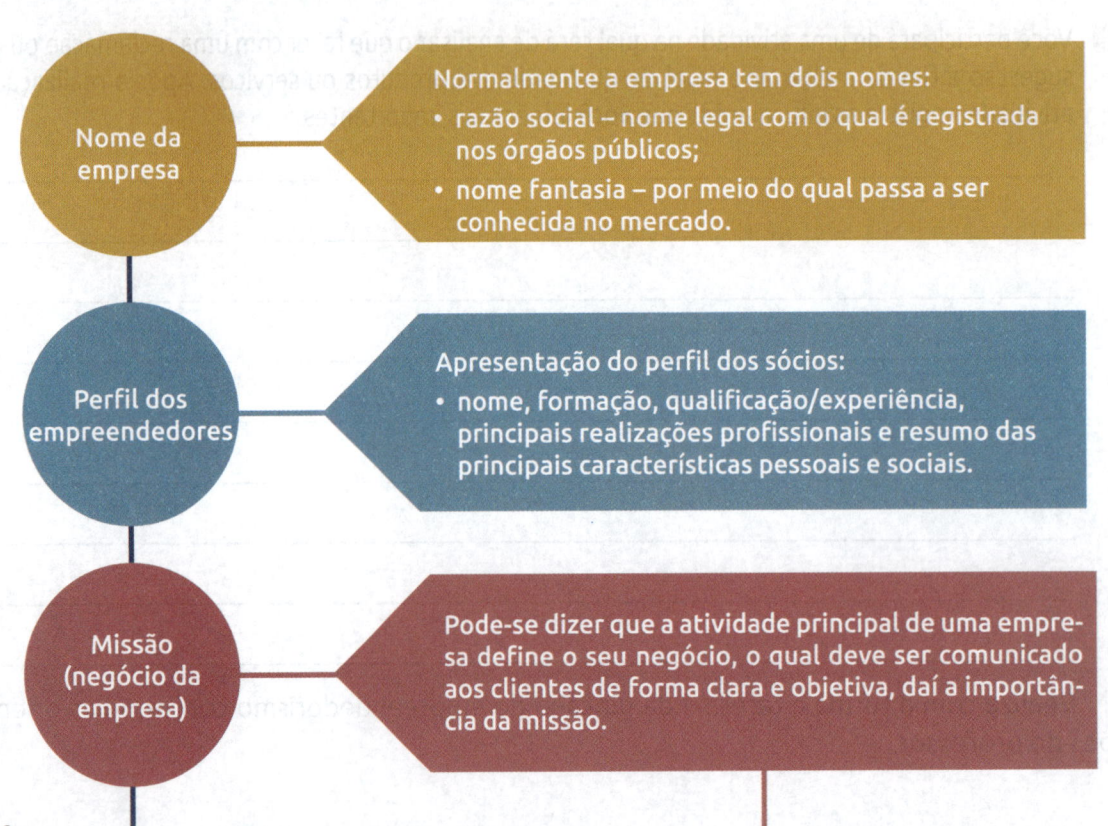

Nome da empresa
Normalmente a empresa tem dois nomes:
- razão social – nome legal com o qual é registrada nos órgãos públicos;
- nome fantasia – por meio do qual passa a ser conhecida no mercado.

Perfil dos empreendedores
Apresentação do perfil dos sócios:
- nome, formação, qualificação/experiência, principais realizações profissionais e resumo das principais características pessoais e sociais.

Missão (negócio da empresa)
Pode-se dizer que a atividade principal de uma empresa define o seu negócio, o qual deve ser comunicado aos clientes de forma clara e objetiva, daí a importância da missão.

Antes de elaborar a missão, as seguintes perguntas devem ser respondidas:

- Qual é o negócio?
- Quem é o cliente?
- O que tem valor para o cliente?
- Quais benefícios serão oferecidos aos clientes?

Veja, por exemplo, a missão empresarial do Google: Organizar as informações do mundo todo e torná-las acessíveis e úteis em caráter universal.

Produtos

- Definir como os clientes identificarão o produto/serviço: Qual é a imagem que a empresa quer que os clientes tenham do produto? O mais bonito, o mais econômico, o mais cheiroso, o mais completo, o mais potente?
- Especificar as características técnicas e funcionais de cada produto e de que modo elas atendem às necessidades dos clientes.
- Explicar o que levará um cliente potencial a comprar o produto da empresa e não o da concorrência.
- Para produtos inéditos, apresentar explicações sobre o que impede ou dificulta que outra empresa venha a desenvolvê-los.

hora de agir

A turma participará de uma dinâmica na qual será trabalha a internet como um eficiente canal de comunicação. Aguarde as orientações do professor.

ampliando

Realize com seu grupo a tarefa 5 da gincana do empreendedorismo conforme as orientações que você receberá do professor.

Encontro 14 – Plano de negócio: parte 2

hora de agir

O empreendedor sempre leva em conta o perfil do cliente ao iniciar um negócio ou expandi-lo para novas áreas, produtos ou serviços. Afinal, o cliente é a razão das empresas existirem. O que você acha que seria importante identificar para traçar o perfil do cliente?

___

se liga nessa!

Veja a continuação do modelo simplificado para a elaboração de um plano de negócio.

Parte 2: análise e definição mercadológica

Guia para confecção de plano simplificado de negócio (PSN)

O empreendedor deve conhecer profundamente seu mercado.

Pesquise, investigue, estude e exponha as informações de maneira organizada e bem fundamentada. Só assim será possível

- traçar o perfil dos consumidores;
- conhecer os limites e a amplitude do mercado;
- mapear concorrentes e suas ações;
- perceber oportunidades e precaver-se contra ameaças;
- apontar possíveis alianças estratégicas com fornecedores e parceiros;
- definir canais comerciais de distribuição e divulgação de produtos ou serviços.

A análise do mercado deve contemplar os seguintes itens, trazendo informações que identifiquem possibilidades e riscos relacionados ao produto ou serviço.

Panorama de mercado

Características do mercado em que a empresa pretende atuar (regional, nacional, internacional) e seu dimensionamento (identificar o tamanho desse mercado).

Segmentação

Radiografia do setor no qual a empresa planeja entrar e ganhar fatias de mercado. É importante levantar todos os aspectos que o constituem, características demográficas, econômicas, legais, políticas, tecnológicas e culturais, e perceber como o mercado, por meio de seus agentes (clientes, concorrência, fornecedores), estrutura-se e reage a elas. Identificar as mais relevantes.
- Qual foi o segmento de mercado escolhido?
- Quais os possíveis consumidores (compradores potenciais) que podem vir a ser clientes (compradores efetivos)?
- Quais são os perfis deles ou como as necessidades deles serão satisfeitas?

Principais oportunidades para o negócio

As oportunidades são fatores favoráveis que podem ocorrer e afetar o planejamento do negócio. Elas, geralmente, estão associadas
- aos produtos inovadores e à competência do empreendedor;
- às fraquezas dos concorrentes, como falhas ou falta de produtos, e às dificuldades no atendimento das necessidades dos consumidores.

Principais ameaças ao negócio

Fatores desfavoráveis que podem afetar o planejamento do negócio. As ameaças geralmente estão associadas
- às forças dos concorrentes;
- às características peculiares dos compradores e dos clientes;
- às condições para o funcionamento da empresa;
- às condições econômicas e sociais da população;
- à legislação vigente;
- à falta de apoio de todo tipo e natureza.

Concorrentes

Para preparar-se para a competição e conquistar espaço no mercado, é preciso conhecer os concorrentes. São empresas que oferecem produtos com benefícios semelhantes aos de sua organização.

Neste tópico, é preciso indicar quais são as características dos concorrentes, os pontos fracos e fortes, os benefícios dos produtos oferecidos, as estratégias de venda, a distribuição e a publicidade que utilizam, etc. Essas informações podem ser obtidas com clientes, distribuidores em comum, revendedores ou por meio de pesquisa dirigida.

Propaganda e publicidade: Como, onde e quando será feita? Quanto custa? Qual é o retorno previsto em termos de vendas? Normalmente, esse retorno é medido em termos de porcentagem de consultas em relação à veiculação, por exemplo: distribuição de panfletos; anúncio em revistas especializadas, em rádios, TV, etc. Estima-se que panfletos e revistas especializadas resultem, geralmente, em aproximadamente 10% de retorno.

Estratégia geral de vendas: Quais serão os canais de venda: vendas diretas, por meio de distribuidores e ou representantes? Como eles atuarão? Quais serão as formas de comercialização? Quais serão as formas e condições de pagamento de comissões e participação (se for o caso)?

Canais de distribuição: Como e com que meios os produtos serão distribuídos e entregues aos clientes? Indique quais serão os locais ou pontos de venda onde os clientes poderão comprar o produto e defina as ações para alcançar os melhores pontos de venda, os custos e benefícios da rede de distribuição formada. Informe, também, se existem alternativas de distribuição, parcerias, canais ou pontos de venda ainda não explorados. Analise como superar as vantagens da concorrência.

Políticas de serviço pós-venda e de garantia: Serão oferecidos serviços pós-vendas? Como os clientes serão atendidos: pela própria empresa ou por representantes? Esses serviços estão previstos na política de preços?

Local das instalações: Explique a preferência pela escolha do ponto (local geográfico) e sua relevância para o funcionamento da empresa.

ampliando

Realize com a turma a tarefa 6 da gincana do empreendedorismo conforme as orientações que você receberá do professor.

Encontro 15 – Apresentação do plano de negócio

hora de agir

1 Chegamos ao final da nossa história. O que você achou do percurso feito pelos personagens? Que aprendizados você obteve?

2 Agora a turma irá apresentar o plano de negócio que foi desenvolvido em grupo. Aguarde as orientações do professor.

ampliando

A história que lemos trouxe muitos aprendizados sobre empreendedorismo, não foi? Vamos aproveitar este momento para fazer uma síntese do que foi aprendido: lembre-se do que foi trabalhado ao longo deste ano e faça um resumo das ideias que achou mais relevantes.

_____
_____
_____
_____
_____
_____
_____
_____
_____
_____
_____
_____
_____
_____
_____
_____

Encontro 16 – Inovar para crescer

⚡ se liga nessa!

Durante a leitura da história, você teve a oportunidade de conhecer e acompanhar a vida de uma família que, além de acreditar em seus sonhos, batalha muito para realizá-los.

Os personagens demonstraram três características que foram determinantes para o sucesso que obtiveram:

1. Identificaram oportunidades e tiveram iniciativa
2. Correram riscos calculados
3. Buscaram constantemente qualidade e eficiência

Rafael Zanchetin. 2014. Digital.

Esperamos que você tenha compreendido com essa história a importância de buscar novas oportunidades, planejar cada passo antes de tomar qualquer decisão, ter iniciativa e sabedoria, calcular riscos e sempre buscar novas possibilidades de crescimento pessoal.

Eduardo Borges. 2019. Digital.

🏃 hora de agir

Esta atividade está relacionada aos principais aprendizados deste ano. Use como base o resumo que você fez na seção **Ampliando** do encontro anterior para participar da dinâmica que o professor irá propor.

Desejamos que você obtenha muitas realizações na sua jornada. Lembre-se de que é importante estar atento às oportunidades, planejar antes de tomar decisões e sempre buscar fazer seu melhor. Explore suas características empreendedoras!

72 8º ano